Pfannkuchen & Crêpes

vielseitig und unwiderstehlich

> Autorin: Christina Kempe | Fotos: Michael Brauner

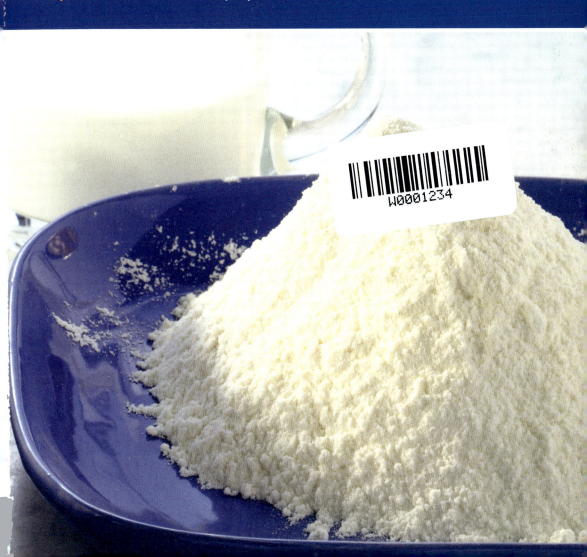

Inhalt

Die Theorie

- **4 Grundrezepte**
- 6 Das Ausbacken
- **8 Pfannkuchen-Varianten**
- 9 Feines mit Pfannkuchen vom Vortag

Die Rezepte

- 10 Die Süßen – klassisch und exotisch, gerollt und gepackt, mit Obst, Nüssen und Milchprodukten. Zum Dessert oder als Hauptspeise
- 30 Vegetarisch gefüllt – mit viel Gemüse und Hülsenfrüchten eine leckere Alternative zu Fleisch und Fisch
- 44 Mit Seafood und Fleisch – Fisch und Meeresfrüchte stehen im Vordergrund, aber auch Schwein, Rind und Geflügel kommen nicht zu kurz

Extra

- 60 Register
- 62 Impressum
- ➤ **64 Die 10 GU-Erfolgstipps mit der Geling-Garantie für Pfannkuchen-Rezepte**

➤ **GU Serviceseiten**

Immer eine Versuchung wert!

Pfannkuchen & Co. sind ganz einfach zubereitet und schmecken allen gut. Egal ob sie gerollt, gefaltet oder belegt werden. Egal welchen Namen sie tragen – ob sie als Pfann- oder Eierkuchen, Crêpes, Pancakes oder Blini auf den Tisch kommen. Egal ob man sie süß oder pikant verspeist. Noch nie probiert? Dann aber nichts wie ran an Teig und Pfanne und seinen Liebling finden. Dabei ist es gut zu wissen, dass Pfannkuchen & Co. gerne auch mal mit der Füllung vom Nachbarrezept vereint werden können.

Pfannkuchenteige

Pfannkuchen
Für 4 Personen oder 8 Stück (24 cm Ø)

200 g Mehl, 400 ml Milch, 4 Eier (Größe M), 1 Prise Salz
Für süße Varianten nach Belieben: 2 EL Zucker oder 2 Päckchen Vanillezucker, abgeriebene Schale von 1/2 unbehandelten Orange oder Zitrone

Das Mehl und die Milch mit den Quirlen des Handrührgerätes gründlich verschlagen, damit keine Klümpchen entstehen.

Dann die Eier und das Salz unterrühren. Für süße Varianten Zucker und/oder Zitrusschale untermischen.

Nach Belieben den Teig abdecken und etwa 30 Min. quellen lassen, anschließend ausbacken.

Tipp: Zusätzliche Lockerung bekommt der Teig durch die Zugabe von 1–2 Msp. Backpulver.

Crêpes
Für 4 Personen oder 12 Stück (24 cm Ø)

1 1/2 EL Butter, 150 g Mehl, 350 ml Milch, 3 Eier (Größe M), 1 Prise Salz, 4 EL Mineralwasser mit Kohlensäure
Für süße Crêpes nach Belieben: 2 EL Zucker oder 2 Päckchen Vanillezucker, abgeriebene Schale von 1/2 unbehandelten Orange oder Zitrone

Die Butter schmelzen. Wie bei den Pfannkuchen zuerst das Mehl und die Milch mit den Quirlen des Handrührgerätes gründlich verschlagen.

Dann die Eier, das Salz, die Butter und das Mineralwasser unterrühren.
Für süße Varianten Zucker und/oder Zitrusschale untermischen.

Nach Belieben den Teig abdecken und etwa 30 Min. quellen lassen, anschließend ausbacken.

Schaumpfannkuchen
Für 4 Personen oder 8 Stück (24 cm Ø)

4 Eier (Größe M), 200 g Mehl, 400 ml Milch, 1 Prise Salz
Für süße Varianten nach Belieben: 2 EL Zucker oder 2 Päckchen Vanillezucker, abgeriebene Schale von 1/2 unbehandelten Orange oder Zitrone

Die Eier trennen. Die Eiweiße kalt stellen. Das Mehl und die Milch mit den Quirlen des Handrührgerätes gründlich verschlagen.

Dann die Eigelbe unterrühren. Für süße Varianten Zucker und/oder Zitrusschale untermischen.

Nach Belieben den Teig abdecken und etwa 30 Min. quellen lassen. Dann die Eiweiße mit dem Salz gut steif schlagen und unterheben. Anschließend den Teig ausbacken.

Theorie
GRUNDREZEPTE

Pancakes
Für 4 Personen oder 8 Stück (14 cm Ø)

2 EL Butter, 250 g Mehl, 1 Päckchen Backpulver, 1 Prise Salz, 400 ml Milch, 4 Eier (Größe M)
Für süße Cakes nach Belieben:
2 EL Zucker oder 2 Päckchen Vanillezucker, 1 TL abgeriebene unbehandelte Orangen- oder Zitronenschale

Die Butter schmelzen. Das Mehl mit Backpulver, Salz und Milch mit den Quirlen des Handrührgerätes kräftig verschlagen.

Die Butter mit den Eiern unterrühren.
Für süße Varianten Zucker und/oder Zitrusschale untermischen. Den Teig abdecken und 10 Min. quellen lassen.

Tipp: Noch flaumiger werden Pancakes, wenn Sie zusätzlich 1/2 TL Natron unter den Teig rühren. Und/oder statt der Milch 500 g Buttermilch nehmen.

Hefepfannkuchen
Für 4 Personen oder 8 Stück (16 cm Ø)

250 g Mehl, 10 g frische Hefe, 1 TL Zucker, 350 ml lauwarme Milch, 1 1/2 EL Butter, 2 Eier (Größe M), 1 Prise Salz
Für süße Varianten nach Belieben: 2 EL Zucker oder 2 Päckchen Vanillezucker, abgeriebene Schale von 1/2 unbehandelten Orange oder Zitrone

Mehl in eine Schüssel geben, in die Mitte eine Mulde drücken. Die Hefe zerbröckeln, mit Zucker und Milch verrühren. In die Mulde gießen, mit Mehl bestäuben, abdecken und 15 Min. gehen lassen.

Die Butter schmelzen, mit Eiern und Salz kräftig untermengen. Für süße Varianten Zucker und/oder Zitrusschale untermischen. Teig abdecken, 30 Min. gehen lassen.

Tipp: Den Teig kann man zum Schluss auch sehr gut über Nacht im Kühlschrank gehen lassen.

Blini
Für 4 Personen oder 20 Stück (8 cm Ø)

10 g frische Hefe, 1 TL Zucker, 300 ml lauwarme Milch, 200 g Mehl (Type 405), 100 g Buchweizenmehl, 2 EL Butter, 1 Prise Salz, 2 Eier (Größe M)
Für süße Blini nach Belieben:
2 Päckchen Vanillezucker

Die Hefe zerbröckeln und mit Zucker, Milch und 2 EL Mehl verrühren. Abdecken und 15 Min. gehen lassen.

Die Butter schmelzen. Mit dem übrigen Mehl, Salz und Eiern untermischen.
Für süße Varianten Zucker unterrühren. Den Teig abdecken und 30 Min. gehen lassen.

Eine russische Spezialität:
Die Blini mit wenig zerlassener Butter beträufeln, einen Klecks saure Sahne und etwas schwarzen Kaviar (gerne auch mal Forellenkaviar) darauf geben, servieren.

Das Ausbacken

1 | Die Pfannen

Damit Pfannkuchen & Co. perfekt gelingen, den Teig unbedingt in einer guten Pfanne ausbacken. Bestens geeignet für Pfannkuchen aller Art sind antihaftbeschichtete Pfannen, die ein leichtes Ablösen ermöglichen. Ein schwerer Boden hält die Pfanne auf der Herdplatte, die Hitze verteilt sich gleichmäßig. Bei Pancakes und Hefepfannkuchen darauf achten, dass die Pfannen möglichst nicht zu groß sind und einen hohen Rand haben, damit der Teig schön in die Höhe gehen kann. Ideale Größe: 14–16 cm Ø (auch noch o.k. 18 cm Ø).

Für Crêpes gibt es spezielle Crêpes-Pfannen (ursprünglich aus Gusseisen, aber auch mit Antihaftbeschichtung erhältlich), die einen sehr niedrigen Rand haben, so dass man mit einem passenden Holzschieber den Teig hauchdünn verteilen und die gebackenen Crêpes später gut wenden kann. Ideale Größen: 24–28 cm Ø.
Blini und Liwanzen bäckt man original in einer speziellen Pfanne, die mehrere Vertiefungen in passender Größe besitzt. Alternativ eine große Pfanne nehmen, die ausreichend Platz für mehrere kleine Pfannkuchen bietet.

2 | Das Ausbacken

Bevor sie in die Pfanne kommen, müssen manche Teige quellen, die von Seite 4 können auch gleich ausgebacken werden. Dazu bei mittlerer Hitze sehr wenig Butter, Butterschmalz, Margarine oder Öl in der Pfanne erhitzen. Mit einer Schöpfkelle flüssige Teige wie Pfannkuchen- oder Crêpes-Teig hineingeben und zügig durch Rütteln und Schwenken der Pfanne gleichmäßig darin verteilen. Sollte gerade bei Crêpes zu viel Teig in der Pfanne sein, eventuell den »Überschuss« zurück in die Teigschüssel laufen lassen, damit sie hauchdünn werden. Dickflüssigere Teige wie Pancakes- und Hefepfannkuchenteig aus einer Schöpfkelle langsam in die Pfanne laufen lassen. Für die Blini jeweils 1–2 EL Teig in eine große Pfanne geben. Nun in etwa 2 Min. die untere Seite goldbraun werden und die obere anstocken lassen. Wenden, die zweite Seite bräunen. Gebackene Pfannkuchen & Co. im Backofen bei 80° auf einen Teller stapeln und warm halten, bis der ganze Teig verarbeitet ist.

> 2 *Crêpes-Teig in einer Pfanne mit niedrigem Rand ausbacken.*

> 1 *Zum Ausbacken bestens geeignet: antihaftbeschichtete Pfannen.*

Theorie
KÜCHENPRAXIS

3 | Allgemeine Tipps

▶ Wenn es schnell gehen soll: Teige (außer Blini) einfach ohne Quellen backen. Und/oder gleich zwei Pfannen auf den Herd stellen.

▶ Ist die Pfanne beschichtet, unbedingt Bratwender aus Holz nehmen, damit nichts verkratzt wird.

▶ Bei Schaumpfannkuchen zum Wenden einen großen Teller über die Pfanne legen, beides gut festhalten und umdrehen. Dann den Pfannkuchen vom Teller zurück in die Pfanne gleiten lassen.

▶ Wer ein Waffeleisen besitzt, kann alle Teige (außer Crêpes) auch darin backen.

▶ Für zusätzliches Aroma mal Erdnussbutter, Chiliöl, Sesamöl, Kürbiskernöl usw. zum Ausbacken nehmen.

▶ Pfannkuchen & Co. sind bestens für die Vorratshaltung geeignet: Einfach backen, dann zwischen Pergamentpapier auskühlen lassen und tiefkühlen. Bei Bedarf auftauen lassen und kurz in der Pfanne erwärmen.

▶ Bleiben Pfannkuchen & Co. übrig, am nächsten Tag in einem anderen Gericht verwenden. Ideen hierzu finden Sie gleich auf der nächsten Seite.

4 | Kleine Pfannkuchenkunde

Pfannkuchen (auch **Eierkuchen**, in Österreich und Ungarn **Palatschinken**) können dünn oder auch etwas dicker sein, ganz nach Geschmack. Möchte man in einer großen Pfanne kleinere Pfannkuchen backen, den Teig mit etwas weniger Milch zubereiten, damit er dicklicher wird, schneller stockt und seine Form behält.

Crêpes (in Italien **Crespelle**) werden immer hauchdünn gebacken und sollten eine fein poröse Konsistenz haben. Die erhalten sie durchs sprudelnde Mineralwasser, das mit in den Teig kommt. Guter Ersatz dafür: Bier, Prosecco oder Cidre. Ist der Teig mit Buchweizenmehl zubereitet, verwandeln sich Crêpes zu pikanten **Galettes**. Gebacken werden die zarten Kuchen original in schweren Eisenpfannen, die aber immer gefettet sein müssen, damit der Teig nicht anhängt. Profis nehmen große runde Eisenplatten (ohne Rand), die u. a. speziell fürs Backen von Crêpes hergestellt werden. Für den normalen Haushalt sind beschichtete oder Crêpes-Pfannen besser geeignet (siehe auch links).

Pancakes isst man in Nordamerika. **Blini** sind eine russische Spezialität, in Tschechien kennt man sie – nur mit Weizenmehl zubereitet – unter dem Namen **Liwanzen**.

4 Pfannen für Blini und Liwanzen haben kleine getrennte Vertiefungen.

3 Gut für Pancakes und Hefekuchen: Pfannen mit hohem Rand.

Theorie
KÜCHENPRAXIS

Pfannkuchenvarianten

Milch-Alternativen
Bereiten Sie die Teig statt mit Kuhmilch einmal mit der gleichen Menge Kokosmilch zu. Oder nehmen Sie Buttermilch, die Sie vorher mit etwas Wasser verdünnt haben. Auch nicht schlecht: saure Sahne oder Crème fraîche 1:1 mit Flüssigkeit wie Gemüsefond, Weißwein oder Frucht- und Gemüsesäften gestreckt.
Tipp: Sollte der Teig durch die Zugabe anderer Zutaten etwas dicklicher werden und sich nicht mehr durch Schwenken der Pfanne verteilen lassen, die Masse einfach mit einem Bratenwender, Löffel oder Teigspatel verstreichen.

Mehl-Alternativen
Sehr gut schmecken Pfannkuchen & Co. auch, wenn unterschiedliche Mehlsorten kombiniert werden oder wenn man das Mehl mit anderen trockenen Zutaten zusammenbringt. Am besten ausprobieren, was man am liebsten mag: Ein Drittel bis die Hälfte des Mehls (Type 405) durch Reismehl, Vollkornmehl, Maismehl oder -grieß, Hartweizengrieß oder auch gemahlene Chufas (Erdmandelflocken, gibt's im Reformhaus) ersetzen.
Tipp: Vollkorn, Hartweizengrieß und Chufas quellen stärker, deshalb muss eventuell mehr Flüssigkeit zugegeben werden.

Süße Füllungen – ganz schnell
Pfannkuchen & Co. mit Nuss-Nougat-Aufstrich, Nussaufstrichen, Marmelade, Karamellsauce, Apfelmus, Akazienhonig, Ahornsirup, Vanillequark oder Pudding bestreichen, aufrollen und servieren.

Oder mit sehr feinen Bananenscheiben, Mandel- oder Haselnussblättchen, Kokosflocken bestreuen, Schokosauce oder Likör darüber träufeln und zusammenklappen.

Auch fein: Obstkompott, Eis oder Sorbet mit auf den Teller geben.

Pikante Füllungen – ganz schnell
Pfannkuchen & Co. mit Kräuter- oder Paprikaquark, Avocadomus, Hüttenkäse, Frischkäseaufstrich oder Tsatziki bestreichen, aufrollen und servieren.

Oder auch mit Rucola, Tomaten- und Mozzarellascheiben belegen oder mit Parmaschinken, Parmesanspänen, fein gewürfeltem Schafkäse, Krabbencocktail oder Heringssalat.

Auch fein: Antipasti, Kräuteroliven, Sprossensalat mit auf den Teller geben. Oder gebräunte Butter darüber träufeln und gehackte Kräuter oder eine indische Gewürzmischung darüber streuen.

Theorie
KURZREZEPTE

Feines mit Pfannkuchen vom Vortag

Gewokte Pfannkuchen mit Rind
Für 4 Personen 450 g Rinderfilet dünn schneiden. Mit 5 EL Sake, 3 EL Sojasauce, 2 TL Speisestärke mischen, 1 Std. marinieren. Je 2 Chilis und Knoblauchzehen fein hacken, 1 Stange Zitronengras sehr fein schneiden. 2 Möhren in Scheiben schneiden, je 150 g Zuckerschoten und Mini-Maiskolben quer halbieren. 5 Pfannkuchen in grobe Stücke zerzupfen. Zitronengras, Knoblauch und Chilis in 4 EL Öl im Wok bei starker Hitze unter Rühren anbraten. Nach und nach Fleisch, Gemüse, Pfannkuchen und 200 g Sojasprossen dazugeben und braten. Mit 1 Hand voll Thai-Basilikum, Fischsauce, Limettensaft würzen.

Flädlesuppe mit Sherry
Für 4 Personen 2 Crêpes straff aufrollen und in feine Streifen schneiden, 8 Kirschtomaten halbieren. 2 Frühlingszwiebeln in 1/2 cm breite Ringe schneiden. 700 ml Gemüsefond oder -brühe aufkochen lassen und die Frühlingszwiebeln 1 Min. mitkochen. Die Tomaten und Crêpestreifen hineingeben, abseits vom Herd 1 Min. ziehen lassen. Die Suppe mit 4 EL Sherry verfeinern und mit Koriandergrün bestreuen.
Auch sehr fein: Anstatt Sherry 1 EL sehr fein geschnittenes Zitronengras mitkochen. Oder die Crêpes würfeln, in der Pfanne knusprig braten und als Croûtons über die Suppe streuen.

Pancake-Croques-Monsieurs
Für 4 Personen 2 Pancakes mit gesalzener Butter bestreichen und mit je 2 Scheiben gekochtem Schinken belegen. Mit Senf (z. B. Dijon-Senf mit Honig, Rôtisseursenf, mittelscharfer Senf) bestreichen und mit je 2 großen Scheiben Käse (z. B. Butterkäse, Gouda, Ziegenschnittkäse) belegen. 1 kleine Hand voll Kresse oder Basilikum darüber streuen, mit je 1 Pancake abdecken. Im Sandwich-Toaster (als Ersatz geht auch das Waffeleisen) in 1–2 Min. bräunen und den Käse schmelzen lassen. Jedes »Sandwich« vierteln.
Auch sehr fein: Parmaschinken und Mozzarella als Belag nehmen.

Gratinierte Sardinenfilets
Für 4 Personen 4 Knoblauchzehen pressen, 1 Zwiebel würfeln, 400 g Kirschtomaten halbieren, 1 Bund Basilikum hacken. Mit 6 EL Olivenöl, 80 g Kräuteroliven, abgeriebener Schale und Saft von 1 Zitrone und 300 g Sardinenfilets mischen. Mit Salz, Pfeffer und 1 TL Zucker würzen. 2 Std. marinieren. Dann mit 8 grob zerkleinerten Pfannkuchen (Crêpes, Pancakes, Blini) in eine hitzebeständige Form schichten, salzen, pfeffern. Mit 6 EL frisch geriebenem Pecorino und 4 EL Semmelbröseln bestreuen. Mit 4 EL Olivenöl beträufeln. Im 200° (Umluft 180°) heißen Ofen etwa 30 Min. gratinieren.

Die Süßen

Darf es zur Abwechslung mal ein Hauptgericht für Süßschnäbel sein? Dann sind Sie bei diesem Kapitel genau richtig. Hier finden Sie eine bunte Vielfalt an Süßem zum Sattessen. Schoko-Crêpes mit einem Schuss Likör, klassische Topfenpalatschinken oder Pancakes mit Bircher Müsli laden zum Ausprobieren ein. Und soll dieses oder jenes Rezept als Dessert auf den Tisch kommen, einfach nur die halbe Menge zubereiten.

11 Schoko-Crêpes und Schuss	20 Mohnfleckerl
11 Pancakes mit Ricotta und Ahornsirup	20 Pancake-Crumble
12 Pfannkuchen mit Fruchtsalat	22 Blini mit Kokosquark
12 Feigen-Crêpes mit Mascarpone	22 Pancakes mit Bircher Müsli
15 Eisige Crêpes-Päckchen	25 Rosen-Palatschinken-Törtchen
16 Blini mit Apfelmus und Preiselbeersahne	26 Crêpes mit Lemon Curd
16 Schaumpfannkuchen mit Kirschen	26 Nussig karamellisierte Blini
18 Crêpes Suzette	29 Williams-Christ-Schmarrn
18 Topfenpalatschinken	

Rezepte
DIE SÜSSEN

Blitzrezepte

Crêpes mit Schokosauce und Schuss

FÜR 4 PERSONEN

➤ 2 EL Butter | 150 g Mehl | 350 ml Milch
3 Eier (Größe M) | 1 Prise Salz | 4 EL
Mineralwasser | 200 g Schokolade
(nach Geschmack) | 50 g Sahne
4 cl Orangenlikör | Fett zum Backen

1 | Die Butter schmelzen. Mehl und Milch verrühren, Eier, Salz, die Butter und das Wasser unterschlagen. Schokolade hacken, bei schwacher Hitze unter Rühren in der Sahne und dem Likör schmelzen lassen.

2 | Den Backofen auf 80° einstellen. Aus dem Teig nach und nach in Fett Crêpes backen. Im Ofen warm halten. Dann mit der Schokosauce bestreichen, zusammenschlagen.

Pancakes mit Ricotta und Ahornsirup

FÜR 4 PERSONEN

➤ 2 EL Butter | 250 g Mehl | 1 Päckchen
Backpulver | 1 Prise Salz | 1/2 l Milch
4 Eier (Größe M) | 200 g Himbeeren
400 g cremiger Ricotta | 100 g Sahne
Ahornsirup zum Beträufeln | Fett zum
Backen

1 | Die Butter schmelzen. Mehl, Backpulver, Salz und Milch verrühren, Eier und Butter unterschlagen. Teig 10 Min. quellen lassen. Himbeeren verlesen, den Ricotta mit der Sahne cremig rühren. Backofen auf 80° einstellen. Aus dem Teig nach und nach in Fett Pancakes backen. Im Ofen warm halten. Dann mit Ricotta bestreichen, mit Himbeeren belegen und mit Ahornsirup beträufeln.

Rezepte
DIE SÜSSEN

gelingt leicht | exotisch

Pfannkuchen mit Fruchtsalat

FÜR 4 PERSONEN

➤ Für die Pfannkuchen:
200 g Mehl
400 ml Milch
4 Eier (Größe M)
1 Prise Salz
2 EL Puderzucker
Fett zum Backen

➤ Für den Fruchtsalat:
1 Baby-Ananas
1/2 Mango | 5 Litschi
1 Kiwi | 5 Kumquats
1 EL Zitronensaft
2 EL Pflaumenwein
(ersatzweise Ananassaft)
200 g Sahne
1 Päckchen Bourbon-Vanillezucker
2 EL Puderzucker

🕐 Zubereitung: 1 Std.
➤ Pro Portion ca.: 780 kcal

1 | Mehl und Milch verrühren, Eier, Salz und Puderzucker unterschlagen.

2 | Ananas, Mango, Litschi und Kiwi schälen und klein schneiden. Kumquats gründlich waschen und in feine Scheiben schneiden. Mit Zitronensaft und Wein mischen und marinieren.

3 | Backofen auf 80° einstellen. Aus dem Teig nach und nach in Fett Pfannkuchen backen, warm halten.

4 | Sahne mit Vanillezucker halbsteif schlagen. Pfannkuchen mit Fruchtsalat füllen und mit Puderzucker bestreuen. Mit der Sahne servieren.

fruchtig | gelingt leicht

Feigen-Crêpes mit Mascarpone

FÜR 4 PERSONEN

➤ 1 1/2 EL Butter
150 g Mehl | 350 ml Milch
3 Eier (Größe M) | Salz
4 EL Mineralwasser mit Kohlensäure
6 EL Puderzucker
abgeriebene Schale von 1/2 unbehandelten Orange
250 g Mascarpone
2 Msp. Vanillepulver
Saft von 1/2 Limette
100 g Quark
6 vollreife Feigen
Fett zum Backen

🕐 Zubereitung: 1 Std.
➤ Pro Portion ca.: 800 kcal

1 | Die Butter schmelzen. Mehl und Milch verrühren, Eier, 1 Prise Salz, Wasser, 2 EL Zucker und Orangenschale unterschlagen. Teig 30 Min. quellen lassen.

2 | Inzwischen Mascarpone mit Vanillepulver und dem Limettensaft schaumig schlagen. Quark mit dem übrigen Puderzucker steif schlagen und unterheben. Feigen waschen, entstielen und 1 cm groß würfeln.

3 | Backofen auf 80° einstellen. Aus dem Teig nach und nach in Fett Crêpes backen. Im Ofen warm halten.

4 | Die Crêpes mit dem Mascarpone bestreichen und die Feigenstücke darauf verteilen. Aufrollen, quer halbieren und nach Belieben mit Puderzucker bestreuen.

➤ Variante: Die Füllung schmeckt statt mit Feigen auch mit Pfirsichen oder gemischten Beeren.

im Bild vorne: Pfannkuchen mit Fruchtsalat   *im Bild hinten:* Feigen-Crêpes mit Mascarpone ➤

Rezepte
DIE SÜSSEN

gut vorzubereiten | für Gäste
Eisige Crêpes-Päckchen

FÜR 6 PERSONEN
- 1 1/2 EL Butter
  150 g Mehl | 350 ml Milch
  5 Eier (Größe M) | Salz
  4 EL Mineralwasser mit Kohlensäure
  200 g Mandelblättchen
  600 g Eis (z.B. Karamell-, Vanille- oder Nusseis)
  Fett zum Backen
  2 kg Frittierfett

- Zubereitung: 1 Std.
- Quellzeit: 30 Min.
- Tiefkühlzeit: 3 Std.
- Pro Portion ca.: 735 kcal

1 | Die Butter schmelzen. Mehl und Milch verrühren, 3 Eier, 1 Prise Salz, die Butter und das Wasser unterschlagen. 30 Min. quellen lassen.

2 | Aus dem Teig nach und nach in Fett Crêpes backen. Auskühlen lassen.

3 | Übrige Eier verschlagen, die Mandelblättchen in eine Schüssel geben. In die Mitte jedes Crêpe 1 Kugel Eis setzen und den oberen und unteren Crêperand darüber schlagen. Mit Ei bepinseln und zur Mitte hin wie ein Päckchen zusammenfalten.

4 | Jedes Päckchen in dem Ei wenden oder rundum damit bepinseln. In den Mandelblättchen wenden und andrücken. Nebeneinander auf ein kleines Blech oder auf eine Platte legen. Abdecken, in den Gefrierschrank geben und in etwa 3 Std. durchfrieren lassen.

5 | Das Frittierfett in einem weiten und hohen Topf erhitzen. Das Fett ist heiß genug, wenn an einem hineingehaltenen Holzkochlöffelstiel sofort kleine Bläschen auftauchen. Die Crêpes-Päckchen darin 1–2 Min. ausbacken, bis die Mandelblättchen goldbraun sind. Kurz auf Küchenpapier abfetten lassen und sofort servieren.

- Dazu passt: Himbeer-, Aprikosen-, Kirschragout
- Getränk: Beerenauslese Ruländer (Pinot gris) 1991 als Aperitif

1 Einschlagen
Oberen und unteren Crêpe-Rand über die Eiskugel schlagen.

2 Zusammenfalten
Seitliche Teigränder mit Ei bepinseln, nacheinander übers Eis legen.

3 Panieren
Päckchen zuerst im Ei, dann in den Mandeln wenden.

Rezepte
DIE SÜSSEN

preiswert | gelingt leicht

Blini mit Apfelmus und Preiselbeersahne

FÜR 4 PERSONEN

- ➤ 10 g frische Hefe | Zucker
  300 ml lauwarme Milch
  200 g Mehl (Type 405)
  3 EL Butter
  100 g Buchweizenmehl
  1 Prise Salz
  2 Eier (Größe M)
  1 Päckchen Vanillezucker
  400 g Apfelmus
  150 g Sahne
  5 EL Preiselbeerkonfitüre
  Fett zum Backen

- 🕐 Zubereitung: 40 Min.
- 🕐 Gehzeit: 45 Min.
- ➤ Pro Portion ca.: 745 kcal

1 | Hefe mit 1 TL Zucker, Milch und 2 EL Mehl verrühren, 15 Min. gehen lassen. Dann die Butter schmelzen, mit übrigem Mehl, Salz, Eiern, und Vanillezucker unterschlagen. 30 Min. gehen lassen.

2 | Das Apfelmus bei schwacher Hitze leicht erwärmen. Sahne steif schlagen, mit der Konfitüre vermengen.

3 | Backofen auf 80° einstellen. Aus dem Teig nach und nach in Fett Blini backen. Im Ofen warm halten.

4 | Blini mit Apfelmus und Preiselbeersahne anrichten, nach Belieben mit Eis.

schmeckt Kindern

Schaumpfannkuchen mit Kirschen

FÜR 4 PERSONEN

- ➤ 2 EL Butter
  4 Eier (Größe M)
  200 g Mehl | 400 ml Milch
  1 Päckchen Vanillezucker
  1 TL abgeriebene unbehandelte Orangenschale
  3 Tropfen Bittermandelöl
  500 g TK-Kirschen
  7 EL Puderzucker | Salz
  Fett zum Backen

- 🕐 Zubereitung: 1 Std.
- ➤ Pro Portion ca.: 620 kcal

1 | Die Butter schmelzen. Die Eier trennen, Eiweiße kühl stellen. Mehl und Milch verrühren, Eigelbe, Butter, Vanillezucker, Orangenschale und Bittermandelöl unterschlagen. Den Teig 30 Min. quellen lassen.

2 | Kirschen mit 4 EL Puderzucker mischen und bei schwacher Hitze in einem Topf auftauen, dann im Sieb gut abtropfen lassen. Eiweiße mit 1 Prise Salz steif schlagen und unter den Teig heben.

3 | Backofen auf 80° einstellen. Etwas Fett in eine kleine Pfanne (16–18 cm Ø) geben. Teig nach und nach hineinfüllen, sofort Kirschen darauf verteilen und luftige Schaumpfannkuchen backen. Im Ofen warm halten.

4 | Die Schaumpfannkuchen vor dem Servieren mit dem restlichen Puderzucker bestäuben.

- ➤ Variante: Statt der tiefgekühlten Kirschen können Sie gerne auch frische nehmen. Diese entsteinen und mit dem Puderzucker einmal kurz aufkochen, dann abkühlen lassen. Auch sehr fein sind Heidelbeeren oder gewürfelte Aprikosen.

im Bild vorne: Blini mit Apfelmus und Preiselbeersahne   *im Bild hinten:* Schaumpfannkuchen mit Kirschen ➤

Rezepte
DIE SÜSSEN

Klassiker | fruchtig

Crêpes Suzette

FÜR 4 PERSONEN

- ➤ 3 EL Butter
  150 g Mehl | 350 ml Milch
  3 Eier (Größe M) | Salz
  4 EL Mineralwasser mit
  Kohlensäure
  4 EL Zucker
  2 cl Cognac
  abgeriebene Schale und
  Saft von 1 unbehandelten
  Orange
  6 cl Orangenlikör
  Fett zum Backen

- ⏱ Zubereitung: 1 Std.
- ➤ Pro Portion ca.: 565 kcal

1 | 1 1/2 EL Butter schmelzen.
Mehl und Milch verrühren,
Eier, 1 Prise Salz, Butter,
Wasser, 1 EL Zucker und
Cognac unterschlagen. Teig
30 Min. quellen lassen.

2 | Aus dem Teig nach und
nach in Fett Crêpes backen.
Fertige Crêpes zweimal
zusammenfalten.

3 | 1 1/2 EL Butter mit 3 EL
Zucker in die Pfanne geben,
schmelzen und goldbraun
karamellisieren lassen.

4 | Orangenschale und -saft
dazugeben und alles erhitzen.
2 cl Orangenlikör in die heiße
Sauce geben, die gefalteten
Crêpes hineinlegen und mit
Sauce übergießen. Den rest-
lichen Orangenlikör über
den Crêpes verteilen und
anzünden (flambieren).

- ➤ Getränke: Champagner,
  trockener Prosecco, Sekt

Klassiker | preiswert

Topfenpalat-schinken

FÜR 4 PERSONEN

- ➤ Für die Pfannkuchen:
  200 g Mehl | 400 ml Milch
  4 Eier (Größe M) | Salz
  1 Päckchen Vanillezucker
  abgeriebene Schale von
  1/2 unbehandelten Zitrone
- ➤ Für die Füllung:
  250 g Quark
  5 gehäufte EL Puderzucker
  2 Eigelbe
  1 EL Zitronensaft
  Mark von 1/2 Vanilleschote
  30 g Rosinen
  1/8 l Milch
  100 g saure Sahne
  Fett zum Backen und für
  die Form

- ⏱ Zubereitung: 1 Std.
- ➤ Pro Portion ca.: 640 kcal

1 | Mehl und Milch verrüh-
ren, Eier, 1 Prise Salz, Vanillezucker und Zitronenschale
unterschlagen.

2 | Den Quark mit dem
Puderzucker schaumig
schlagen. Eigelbe, Zitronensaft, Vanillemark und die
Rosinen unterrühren.

3 | Backofen auf 175° (Umluft
160°) vorheizen. Aus dem Teig
nach und nach in Fett Palatschinken backen. Eine hitzebeständige längliche Form
ausfetten.

4 | Je 2 EL Quarkmasse auf
dem unteren Drittel jedes
Palatschinkens verstreichen
und von dieser Seite her auf-
rollen. Nebeneinander in die
Form legen. Milch und saure
Sahne verrühren und auf die
Palatschinken streichen. Im
Ofen (Mitte) in 6–8 Min.
goldbraun überbacken.

- ➤ Getränk: Dessertwein,
  z. B. Ortega Beerenauslese

im Bild vorne: **Crêpes Suzette**   *im Bild hinten:* **Topfenpalatschinken** ➤

Rezepte
DIE SÜSSEN

für Gäste | preiswert
Mohnfleckerl

FÜR 4 PERSONEN

➤ 2 EL Butter
   3 Orangen (davon 1 mit unbehandelter Schale)
   4 Eier (Größe M)
   200 g Mehl | 400 ml Milch
   1 Päckchen Vanillezucker
   4 gehäufte EL Mohnsamen
   1 Stängel Minze
   2 EL Mandelsplitter
   1 Prise Salz
   6 EL Puderzucker
   Fett zum Backen

🕐 Zubereitung: 1 Std.
➤ Pro Portion ca.: 680 kcal

1 | Butter schmelzen. Die unbehandelte Orange waschen, 1 TL Schale abreiben. Eier trennen. Mehl und Milch verrühren, Eigelbe, Butter, Vanillezucker, Orangenschale und Mohn unterschlagen. 30 Min. quellen lassen.

2 | Alle Orangen schälen, die weiße Haut mit entfernen, die Orangen klein schneiden. Minze waschen, trockenschütteln, in feine Streifen schneiden. Mit den Mandeln unter die Orangen mischen.

3 | Eiweiße mit Salz steif schlagen und unter den Teig heben.

4 | Backofen auf 80° einstellen. Etwas Fett in die Pfanne geben. Ein Drittel des Teiges hineinfüllen, untere Seite goldbraun werden lassen. Pfannkuchen wenden, in grobe Stücke zerpflücken und die zweite Seite bräunen. Restlichen Teig ebenso backen. Mohnfleckerl warm halten.

5 | Mohnfleckerl mit Puderzucker bestäuben und mit dem Orangensalat servieren.

schmeckt Kindern
Pancake-Crumble

FÜR 4 PERSONEN

➤ 2 EL Butter
   250 g Mehl
   1 Päckchen Backpulver
   Salz | 1/2 l Milch
   4 Eier (Größe M)
   1 Päckchen Vanillezucker
   1 TL abgeriebene unbehandelte Zitrone
   350 g TK-Beerenmischung
   7 EL Puderzucker
   Fett zum Backen

🕐 Zubereitung: 50 Min.
➤ Pro Portion ca.: 630 kcal

1 | Die Butter schmelzen. Mehl, Backpulver, 1 Prise Salz und Milch verrühren, die Eier, die Butter, Vanillezucker und Zitronenschale unterschlagen. Die Beerenmischung in einem Topf mit 5 EL Puderzucker bei schwacher Hitze 4 Min. antauen lassen.

2 | Aus dem Teig in einer kleinen Pfanne nach und nach in Fett Pancakes backen. Backofen auf 180° (Umluft 160°) vorheizen.

3 | Pancakes in 2-cm-Stücke reißen. Mit Beeren in eine hitzebeständige Form geben. Im Ofen (Mitte) in 8 Min. knusprig backen. Mit restlichem Puderzucker bestäuben.

TIPP

Für den Vorrat:
TK-Beeren zuckern, gefroren mit den Pancake-Stücken in die Form geben, einfrieren. Bei Bedarf in den Ofen schieben, auf 180° (Umluft 160°) schalten und in etwa 20 Min. knusprig backen.

im Bild vorne: **Mohnfleckerl**   im Bild hinten: **Pancake-Crumble** ➤

Rezepte
DIE SÜSSEN

fruchtig | gelingt leicht

Blini mit Kokosquark

FÜR 4 PERSONEN

➤ Für die Blini:
10 g frische Hefe
1 TL Zucker
300 ml lauwarme Milch
200 g Mehl (Type 405)
2 EL Butter
100 g Buchweizenmehl
Salz | 2 Eier (Größe M)
1 Päckchen Vanillezucker
Fett zum Backen

➤ Für Quark und Salsa:
5 EL Kokosflocken
60 ml Milch
3 EL Honig | 250 g Quark
300 g Ananas | 1/2 Papaya

🕑 Zubereitung: 40 Min.
🕑 Ruhezeit: 45 Min.
➤ Pro Portion ca.: 725 kcal

1 | Hefe mit Zucker, Milch, 2 EL Mehl verrühren, 15 Min. gehen lassen. Die Butter schmelzen. Dann übriges Mehl, 1 Prise Salz, Eier, die Butter, Vanillezucker unterschlagen. 30 Min. gehen lassen.

2 | Die Kokosflocken in der Milch 10 Min. einweichen.

Mit Honig und Quark verrühren. Die Ananas und Papaya schälen, Papaya entkernen. Beides sehr klein würfeln und mischen.

3 | Backofen auf 80° einstellen. Aus dem Teig nach und nach in Fett Blini backen. Im Ofen warm halten.

4 | Quark in kleinen Häufchen auf die Blini setzen, auf Tellern anrichten, die Ananas-Papaya-Salsa darüber geben.

gelingt leicht

Pancakes mit Bircher Müsli

FÜR 4 PERSONEN

➤ 100 g Sahne | 2 EL Honig
120 g Haferflocken
2 EL Butter | 250 g Mehl
1 Päckchen Backpulver
1 Prise Salz | 1/2 l Milch
4 Eier (Größe M)
1 Päckchen Vanillezucker
abgeriebene Schale und Saft von 1/2 unbehandelten Zitrone
50 g Nüsse (z. B. Mandeln Haselnüsse, Walnüsse)
2 saure Äpfel
Fett zum Backen

🕑 Zubereitung: 1 Std.
➤ Pro Portion ca.: 860 kcal

1 | 140 ml Wasser erhitzen. Sahne und Honig dazugeben, Haferflocken darin 15 Min. einweichen.

2 | Die Butter schmelzen. Mehl, Backpulver, Salz und Milch verrühren, Eier, Butter, Vanillezucker und Zitronenschale unterschlagen.

3 | Die Nüsse hacken. Die Äpfel waschen, entkernen und mit der Schale raspeln. Beides mit dem Zitronensaft unter die eingeweichten Haferflocken rühren.

4 | Backofen auf 80° einstellen. Aus dem Teig in einer kleinen Pfanne nach und nach in Fett Pancakes backen. Im Ofen warm halten.

5 | Jeden Pancake zur Hälfte mit dem Bircher Müsli belegen und die leere Seite des Pancakes darüber schlagen.

➤ Dazu passt: Himbeeren, Himbeersauce oder -püree

im Bild vorne: **Blini mit Kokosquark**   *im Bild hinten:* **Pancakes mit Bircher Müsli** ➤

Rezepte
DIE SÜSSEN

macht was her | gut vorzubereiten
Rosen-Palatschinken-Törtchen

FÜR 4 PERSONEN

- 100 g Mehl | 400 ml Milch
  4 Eier (Größe M) | Salz
  1 Päckchen Vanillezucker
  je 50 g Zartbitter- und Vollmilchschokolade
  150 g Sahne
  30 g Speisestärke
  70 g Zucker
  3 TL Rosenwasser (Apotheke oder Backabteilung)
  Fett zum Ausbacken
- Für die Dekoration:
  12 große ungespritzte rote Rosenblätter
  1 Eiweiß (Größe M)
  feinster Zucker zum Bestreuen | Puderzucker zum Bestäuben

- Zubereitung: 1 1/4 Std.
- Pro Portion ca.: 710 kcal

1 | Mehl und 200 ml Milch verrühren, 2 Eier, 1 Prise Salz und Vanillezucker unterschlagen. 30 Min. quellen lassen.

2 | Rosenblätter vorsichtig waschen und trockentupfen. Rundum dünn mit Eiweiß bepinseln, mit Zucker bestreuen. Hart werden lassen.

3 | Aus dem Teig in Fett 4 dünne Palatschinken (24 cm Ø) backen. Auf einem Kuchengitter auskühlen lassen. Schokolade grob hacken und bei schwacher Hitze schmelzen.

4 | Aus jedem Palatschinken 3 Kreise von 10 cm Ø ausstechen, 8 mit Schokolade bestreichen. Fest werden lassen.

5 | Übrige Milch und Sahne mischen, zwei Drittel davon erhitzen. Ein Drittel mit Stärke, restlichen Eiern und Zucker verschlagen und unter ständigem Rühren zur heißen Sahnemilch gießen, dabei einmal aufkochen lassen. Mit Rosenwasser aromatisieren. Abkühlen lassen, dabei immer wieder mal umrühren.

6 | Wenn die Rosencreme fast kalt ist, 8 Palatschinken-Schoko-Kreise gleichmäßig damit bestreichen. Je 2 Kreise aufeinander setzen, die unbestrichenen übrigen Kreise darauf legen. Mit den kandierten Rosenblättern dekorieren und mit Puderzucker bestäuben.

1 Ausstechen
Aus den Palatschinken mit einem Glas oder Ausstecher Kreise stechen.

2 Kandieren
Rosenblätter mit Eiweiß bepinseln, mit Zucker gleichmäßig bestreuen.

3 Dekorieren
Die Rosenblätter auf die Törtchen legen und mit Puderzucker bestäuben.

Rezepte
DIE SÜSSEN

fruchtig | preiswert
Crêpes mit Lemoncurd

FÜR 4 PERSONEN

➤ Für die Crêpes:
1 1/2 EL Butter
150 g Mehl | 350 ml Milch
3 Eier (Größe M) | Salz
4 EL Mineralwasser mit Kohlensäure
1 Päckchen Vanillezucker
Fett zum Backen

➤ Für den Lemoncurd:
4 unbehandelte Zitronen
250 g Zucker
200 g Butter
6 Eier (Größe M)

🕐 Zubereitung: 1 Std.
➤ Pro Portion ca.: 1105 kcal

1 | Für die Crêpes die Butter schmelzen. Mehl und Milch verrühren, Eier, 1 Prise Salz, Butter, Wasser und Vanillezucker unterschlagen. Den Teig 30 Min. quellen lassen.

2 | Für den Curd Zitronen waschen und von 3 Stück die Schale abreiben. Von allen Zitronen den Saft auspressen. Mit Zucker und Butter in einem Topf erhitzen. Vom Herd ziehen, Eier unterschlagen, wieder auf den Herd stellen, unter Rühren einmal aufwallen, dann abkühlen lassen.

3 | Backofen auf 80° einstellen. Aus dem Teig nach und nach in Fett Crêpes backen. Im Ofen warm halten.

4 | Crêpes mit Lemon Curd bestreichen, zusammenklappen und servieren.

schmeckt Kindern
Nussig karamellisierte Blini

FÜR 20 STÜCK

➤ 10 g frische Hefe
1 TL Zucker
300 ml lauwarme Milch
250 g Mehl (Type 405)
2 EL Butter
50 g Buchweizenmehl
2 Eier (Größe M)
Salz
50 g Pecannusskerne
60 g Schokolade (Zartbitter- und Vollmilchschokolade)
40 g Marshmallows
Fett zum Backen
Backpapier für das Blech

🕐 Zubereitung: 40 Min.
🕐 Gehzeit: 45 Min.
➤ Pro Stück ca.: 140 kcal

1 | Hefe mit Zucker, Milch und 2 EL Mehl verrühren, 15 Min. gehen lassen. Die Butter schmelzen, mit übrigem Mehl, Eiern und 1 Prise Salz unterschlagen. Teig 30 Min. gehen lassen.

2 | Nüsse grob, Schokolade fein hacken. Marshmallows mit der Küchenschere in dünne Scheiben schneiden. Backofen auf 220° (Umluft 200°) vorheizen. Backblech mit Backpapier auslegen. Aus dem Teig in Fett kleine Blini backen.

3 | Fertige Blini auf das Blech legen und mit Nüssen und Schokolade bestreuen. Marshmallows darauf verteilen. Im Ofen (oben) in 3–5 Min. goldbraun gratinieren, bis Marshmallows und Schokolade zerlaufen sind.

➤ Dazu passt: eine Beeren-Sauerkirsch-Mischung, die mit Puderzucker und eventuell mit Kirschgeist abgerundet und erwärmt wurde.

im Bild vorne: Nussig karamellisierte Blini   *im Bild hinten:* Crêpes mit Lemoncurd ➤

Rezepte
DIE SÜSSEN

gut für Gäste
Williams-Christ-Schmarrn

FÜR 4 PERSONEN

➤ 2 EL Butter
1 unbehandelte Zitrone
4 Eier (Größe M)
200 g Mehl | 400 ml Milch
3 Päckchen Bourbon-Vanillezucker
2 große Birnen
4 EL Williams-Christ-Brand
1 Prise Salz
Fett zum Backen
Puderzucker zum Bestäuben

◷ Zubereitung: 1 Std.
➤ Pro Portion ca.: 590 kcal

1 | Die Butter schmelzen. Die Zitrone waschen und etwas Schale abreiben, den Saft auspressen. Eier trennen. Mehl und Milch verrühren, Eigelbe, die Butter, 1 Päckchen Vanillezucker und Zitronenschale unterschlagen. Den Teig 30 Min. quellen lassen.

2 | Die Birnen schälen, entkernen und in dünne Spalten schneiden. Mit Zitronensaft, Birnenbrand und übrigem Vanillezucker mischen, abdecken und marinieren, bis der Teig gebacken wird.

3 | Die Eiweiße mit dem Salz steif schlagen und unter den Teig heben. Fett in zwei große Pfannen geben. Je die Hälfte der Birnen (Marinade beiseite stellen) darin verteilen und die Hälfte des Teiges gleichmäßig darüber geben. Die untere Seite bei mittlerer Hitze in 6–7 Min. bräunen.

4 | Die Schaumpfannkuchen grob zerteilen und wenden, die andere Seite in 6–7 Min. bräunen. Dann auf Teller verteilen, mit Puderzucker bestäuben und mit Birnenmarinade beträufeln.

TIPP

Kaiserschmarrn
Um das Original aus Wien zuzubereiten, den Backofen auf 220 ° (Umluft 200 °) vorheizen.

4 Eier (Größe M) trennen. Die Eiweiße mit 1 Prise Salz steif schlagen. Die Eigelbe, 50 g Zucker und 1 TL abgeriebene unbehandelte Zitronenschale schaumig schlagen.

1/4 l Milch, 120 g Mehl und 50 g Rosinen darunter rühren. Nach Belieben mit 2–3 EL Sahne oder Rum verfeinern. Zum Schluss vorsichtig den Eischnee locker unterheben.

1 EL Butter in einer möglichst großen beschichteten Pfanne mit hitzebeständigem Griff zerlassen. Die Masse hineingeben und die Pfanne in den Ofen (Mitte) schieben. Etwa 8 Min. backen, bis die Masse aufgegangen und die Oberfläche goldbraun ist.

Dann die Pfanne auf die Herdplatte stellen. Den Schmarrn in Stücke reißen, 2 EL Butter dazugeben, mit 1 EL Puderzucker bestäuben und bei mittlerer Hitze unter Rühren karamellisieren und leicht knusprig werden lassen.

In der Pfanne oder auf einer vorgewärmten Platte auf den Tisch stellen, nach Belieben mit Puderzucker bestreuen. Am besten mit Apfel- oder Zwetschgenkompott servieren.

Vegetarisch gefüllt

Keine Lust auf Fisch oder Fleisch? Crêpes mit Chili-Vanille-Kürbis, Schaumpfannkuchen mit Spargelrührei, Palatschinken mit Thai-Curry, Maispfannkuchen mit Tofu-Gemüse und so manches mehr sind eine schmackhafte vegetarische Alternative. Alles gerne auch mal als Vorspeise serviert. Dafür dann einfach nur mehr Leute als angegeben zu Tisch bitten oder entsprechend weniger zubereiten.

31 Tomatenpfannkuchen	38 Palatschinken mit Thai-Curry
31 Pfannkuchen mit Sauerkrautgemüse	40 Maispfannkuchen mit Tofu-Gemüse
32 Gegrillte Crêpes-Saté	40 Buchweizencrêpes mit Kichererbsen
34 Crêpes mit Chili-Vanille-Kürbis	
34 Spargel-Pfannkuchen	42 Pfannkuchen mit Bohnen und Linsen
36 Schaumpfannkuchen mit Spargel	42 Crêpes mit Sellerie-Apfel-Püree
36 Pancakes mit Auberginen-Paprika-Gemüse	
38 Crêpes-Röllchen	

Rezepte
VEGETARISCH GEFÜLLT

Blitzrezepte

Teig reicht für 4 Pfannkuchen
Mehr Tomaten für 4

Tomatenpfannkuchen

FÜR 4 PERSONEN

➤ 200 g Mehl | 400 ml Milch | 4 Eier (Größe M) | 1 Prise Salz | 250 g Kirschtomaten | 1 EL Butter | 1 TL Puderzucker | 3 EL Aceto balsamico | 1 EL Thymianblättchen | 50 g Parmesanspäne | Fett zum Backen

1 | Mehl und Milch verrühren, Eier und Salz unterschlagen. Tomaten waschen, in der Butter und dem Zucker kurz andünsten, mit Essig und 2–3 EL Wasser ablöschen, Thymian hineingeben, 4 Min. bei schwacher Hitze garen.

2 | Backofen auf 80° einstellen. Aus dem Teig in Fett Pfannkuchen backen, warm halten. Pfannkuchen mit Tomaten und Parmesan belegen, zusammenklappen.

Pfannkuchen mit Sauerkrautgemüse

FÜR 4 PERSONEN

➤ 200 g Mehl | 400 ml Milch | 4 Eier (Größe M) | Salz | 4 EL Butter | 1 Apfel | 3 Stangen Lauch | 2 rote Paprikaschoten | 300 g Sauerkraut | 100 ml Gemüsebrühe | Pfeffer | 2 Msp. Zimtpulver

1 | Pfannkuchen wie im Rezept nebenan beschrieben zubereiten und warm halten.

2 | Zwischendurch Apfel, Lauch und Paprika putzen, waschen und grob schneiden, in 2 EL Butter bei mittlerer Hitze anbraten. Kraut untermischen, mit Brühe aufgießen und alles 10 Min. garen lassen. Mit Salz, Pfeffer und Zimt abschmecken. Pfannkuchen damit belegen und aufrollen.

31

Rezepte
VEGETARISCH GEFÜLLT

asiatisch | macht was her
Gegrillte Crêpes-Saté

FÜR 4 PERSONEN

- Für die Crêpes:
  1 1/2 EL Butter
  150 g Mehl | 350 ml Milch
  3 Eier (Größe M) | Salz
  4 EL Mineralwasser mit Kohlensäure
  Fett zum Backen
- Für die Erdnusssauce:
  3 EL brauner Zucker
  50 ml Gemüsebrühe
  Saft von 7 Limetten
  150 g geröstete gesalzene Erdnüsse
  4 getrocknete Chilischoten
- Für die Spieße:
  2 große breite Möhren
  2 Zucchini | Salz
  2 Knoblauchzehen
  4 EL Olivenöl
  16 Holzspieße

⏱ Zubereitung: 1 Std. 15 Min.
- Pro Portion ca.: 760 kcal

1 | Für die Crêpes die Butter schmelzen. Mehl und Milch verrühren, Eier, 1 Prise Salz, die Butter und Wasser unterschlagen. Teig 30 Min. quellen lassen.

2 | Für die Sauce 2 EL Zucker, Brühe und 8 EL Limettensaft aufkochen lassen. Mit den Nüssen und dem Chilis im Mixer pürieren.

3 | Für die Spieße Möhren schälen, Zucchini waschen, beides längs in sehr feine Scheiben schneiden. In Salzwasser in 1–2 Min. biegsam garen, abschrecken. Knoblauch schälen, durchpressen, mit Öl, übrigem Zucker und Limettensaft verrühren.

4 | Backofen auf 250° (Umluft 230°) vorheizen. Aus dem Teig nach und nach in Fett Crêpes backen. Jeweils in Breite der Gemüsescheiben zuschneiden.

5 | Je einige Gemüse- und Crêpesstreifen aufeinander legen, wellenförmig auf die Spieße stecken. Aufs Backblech legen, mit Knoblauchsauce beträufeln und im Ofen (Mitte) 2–4 Min. grillen. Mit der Erdnusssauce servieren.

1 Schneiden
Zucchini und Möhren längs in sehr feine Scheiben schneiden.

2 Aufeinanderlegen
Je einige Gemüse- und Crêpesstreifen aufeinander legen.

3 Aufspießen
Gemüse und Crêpes wellenförmig auf die Holzspieße stecken.

Rezepte
VEGETARISCH GEFÜLLT

scharf | exotisch
Crêpes mit Chili-Vanille-Kürbis

FÜR 4 PERSONEN

➤ Für die Crêpes:
  1 1/2 EL Butter
  150 g Mehl | 350 ml Milch
  3 Eier (Größe M) | Salz
  4 EL Mineralwasser mit Kohlensäure
  Fett zum Backen

➤ Für das Gemüse:
  1,2 kg Muskatkürbis
  2 rote Chilischoten
  2 Knoblauchzehen
  2 Vanilleschoten
  2 EL Butter
  1 EL Zucker
  Saft von 2 Orangen
  200 ml Gemüsebrühe
  6 Frühlingszwiebeln | Salz

🕐 Zubereitung: 1 Std. 10 Min.
➤ Pro Portion ca.: 540 kcal

1 | Butter schmelzen. Mehl und Milch verrühren, Eier, Salz, Butter und Wasser unterschlagen. Den Teig 30 Min. quellen lassen.

2 | Kürbis putzen und 1 cm groß würfeln. Chilis waschen, Knoblauch schälen, beides

fein schneiden. Die Vanilleschoten längs einschneiden. Alles in der Butter andünsten. Zucker, Saft und Brühe zugeben. Bei schwacher Hitze zugedeckt 10 Min. dünsten.

3 | Gleichzeitig Backofen auf 80° einstellen. Aus dem Teig in Fett Crêpes backen, im Ofen mit dem Gemüse warm halten.

4 | Zwiebeln waschen, putzen, schneiden, zum Kürbis geben, salzen. Vanille entfernen. Crêpes mit Kürbis füllen.

➤ Dazu passt: Crème fraîche mit Sahne glatt gerührt

für Gäste | gelingt leicht
Spargel-Pfannkuchen

FÜR 4 PERSONEN

➤ 235 g Mehl | 800 ml Milch
  4 Eier (Größe M) | Salz
  800 g weißer Spargel
  2 unbehandelte Orangen
  2 EL Butter | 100 g Sahne
  4 EL Orangenlikör (ersatzweise Orangensaft)
  4 EL Schnittlauchröllchen
  Fett für Pfanne und Form

🕐 Zubereitung: 1 Std.
➤ Pro Portion ca.: 760 kcal

1 | 200 g Mehl und 400 ml Milch verrühren, Eier und 1 Prise Salz unterschlagen.

2 | Spargel schälen, die Enden abschneiden. Den Spargel in Salzwasser in 6–8 Min. bissfest garen. Orangen heiß waschen, 1 TL Schale fein abreiben, den Saft auspressen.

3 | Butter zerlassen, 35 g Mehl, 1/2 TL Salz einrühren. Übrige Milch und Sahne zugeben, unter Rühren 5 Min. bei mittlerer Hitze kochen lassen. Orangensaft, -schale und -likör einrühren.

4 | Eine hitzebeständige Form einfetten. Aus dem Teig in Fett Pfannkuchen backen. Inzwischen Backofen auf 180° (Umluft 160°) vorheizen.

5 | In jeden Pfannkuchen einige Spargelstangen hüllen, in die Form legen. Die Sauce darüber verteilen. Im Ofen (Mitte) 10 Min. überbacken, Schnittlauch darüber streuen.

im Bild vorne: Crêpes mit Chili-Vanille-Kürbis   *im Bild hinten:* Spargel-Pfannkuchen ➤

Rezepte
VEGETARISCH GEFÜLLT

gelingt leicht

Schaumpfann-kuchen mit Spargel

FÜR 4 PERSONEN

➤ 3 EL Butter
4 Eier (Größe M)
200 g Mehl | 400 ml Milch
700 g grüner Spargel
350 g Kirschtomaten
250 g Ricotta
Kräutersalz | Pfeffer
Fett zum Backen

🕐 Zubereitung: 1 Std.
➤ Pro Portion ca.: 525 kcal

1 | 1 1/2 EL Butter schmelzen. Die Eier trennen. Mehl und Milch verrühren, Eigelbe und Butter unterschlagen. Teig 30 Min. quellen lassen.

2 | Den Spargel waschen und die Enden abschneiden. Den Spargel in 2 cm große Stücke schneiden. Tomaten waschen und halbieren. Den Ricotta salzen und pfeffern.

3 | Backofen auf 80° einstellen. Eiweiße mit 1 Prise Salz steif schlagen und unter den Teig heben.

4 | Nach und nach in einer kleinen Pfanne (16–18 cm Ø) in 2 EL Fett luftige Schaumpfannkuchen backen. Im Ofen warm halten.

5 | Spargel in der restlichen Butter 5 Min. bei mittlerer Hitze braten, Tomaten zugeben und 1 Min. mitbraten. Die Schaumpfannkuchen mit dem Ricotta bestreichen und das Gemüse darauf verteilen.

mediterran

Pancakes mit Auberginen-Paprika-Gemüse

FÜR 4 PERSONEN

➤ 250 g Mehl
1 Päckchen Backpulver
1 Prise Salz | 1/2 l Milch
4 Eier (Größe M)
10 EL Olivenöl
3 Schalotten
1 Aubergine
2 große grüne Paprika-schoten
1 EL gekörnte Gemüse-brühe
1 TL Oregano
350 g gestückelte Tomaten (Fertigprodukt)
1 EL Kapern

🕐 Zubereitung: 1 Std.
➤ Pro Portion ca.: 670 kcal

1 | Mehl, Backpulver, Salz und Milch verrühren, die Eier und 6 EL Öl unterschlagen.

2 | Schalotten schälen und fein würfeln. Aubergine waschen und in 1 cm große Stücke schneiden. Paprika putzen, waschen, in Streifen schneiden. Gemüse in 2 EL Olivenöl bei mittlerer Hitze 4 Min. anbraten. Brühe, Oregano, Tomaten und die Kapern untermischen, 12 Min. kochen lassen.

3 | Den Backofen auf 80° einstellen. Aus dem Teig in einer kleinen Pfanne nach und nach im übrigen Öl Pancakes backen. Cakes im Ofen warm halten.

4 | Jeweils 1 Pancake zur Hälfte mit dem Gemüse belegen und die leere Seite darüber schlagen.

➤ Getränk: kraftvoller oder samtig-milder, aber ausdrucksstarker Rotwein, z.B. ein Fuego 2002 oder Seravino-Zweigelt 2003

im Bild vorne: **Schaumpfannkuchen mit Spargel**   *im Bild hinten:* **Pancakes mit Auberginen-Paprika-Gemüse** ➤

Rezepte
VEGETARISCH GEFÜLLT

asiatisch | fürs Buffet
Crêpes-Röllchen

FÜR 4 PERSONEN

➤ 1 1/2 EL Butter

200 g Reismehl (ersatzweise 150 g Mehl Type 405)

350 ml Mineralwasser mit Kohlensäure

3 Eier (Größe M)

50 g Glasnudeln

2 Knoblauchzehen

1 Stück frischer Ingwer (etwa 2 cm) | 4 Möhren

500 g Weißkohl

3 Frühlingszwiebeln

5 EL Sesamöl | 1 TL Zucker

6 EL Sojasauce

1 Bund Koriandergrün (ersatzweise Petersilie)

Fett zum Backen

🕒 Zubereitung: 1 Std. 10 Min.

➤ Pro Portion ca.: 555 kcal

1 | Butter schmelzen. Mehl und Wasser verrühren, Eier und Butter unterrühren. Nudeln 10 Min. in heißes Wasser geben, abgießen.

2 | Knoblauch und Ingwer schälen, fein reiben. Möhren schälen, Kohl und Zwiebeln waschen und putzen. Alles in feine Streifen schneiden.

3 | Öl erhitzen und Gemüse mit Knoblauch und Ingwer darin in etwa 6 Min. bissfest schmoren. Mit Zucker und Sojasauce würzen. Koriander waschen, trockenschütteln, fein hacken, untermischen.

4 | Backofen auf 80° einstellen, Gemüse hineinstellen. Aus dem Teig in Fett Crêpes backen. Füllung auf den Crêpes verteilen, zwei Seiten darüber schlagen, fest aufrollen.

➤ Dazu passt: süßsaure Chilisauce zum Dippen

scharf | asiatisch
Palatschinken mit Thai-Curry

FÜR 4 PERSONEN

➤ 200 g Mehl | 400 ml Milch

4 Eier (Größe M) | Salz

1 kleine Aubergine

150 g Baby-Maiskolben (frisch oder aus dem Glas)

1 große rote Paprikaschote

10 Frühlingszwiebeln

5 EL Olivenöl

1/2 TL rote Currypaste

1 TL Zucker

400 ml Kokosmilch

1/2 Bund Basilikum

🕒 Zubereitung: 1 Std.

➤ Pro Portion ca.: 620 kcal

1 | Mehl und Milch verrühren, Eier und 1 Prise Salz unterschlagen.

2 | Aubergine und Mais waschen und putzen, Aubergine in 1–2 cm große Würfel schneiden, die Maiskolben quer halbieren. Paprika und Frühlingszwiebeln waschen, putzen, in feine Streifen schneiden.

3 | 3 EL Öl erhitzen, Gemüse darin bei mittlerer Hitze anbraten. 1 TL Salz, Currypaste und Zucker zugeben, mit der Kokosmilch aufgießen. Das Gemüse in 10 Min. bissfest garen. Das Basilikum waschen, trockenschütteln, in feine Streifen schneiden und unterheben.

4 | Backofen auf 80° einstellen. Gemüse hineinstellen. Aus dem Teig im übrigen Öl Palatschinken backen. Im Ofen warm halten. Dann das Curry auf der Hälfte jedes Palatschinkens verteilen und die leere Seite darüber schlagen.

im Bild vorne: **Palatschinken mit Thai-Curry**   *im Bild hinten:* **Crêpes-Röllchen** ➤

Rezepte
VEGETARISCH GEFÜLLT

Crossover | scharf

Maispfann-kuchen mit Tofu-Gemüse

FÜR 4 PERSONEN

➤ Für die Pfannkuchen:
100 g Mehl | 400 ml Milch
100 g Minuten-Polenta
4 Eier (Größe M) | Salz
➤ Für die Füllung:
700 g Blumenkohl
6 EL Sesamöl
125 ml Milch | 500 g Tofu
4 EL Sojasauce
1 EL Wasabi (japanischer Meerrettich, ersatzweise normaler Meerrettich aus dem Glas)
3 EL helle Sesamsamen
Fett zum Backen

🕐 Zubereitung: 1 Std.
➤ Pro Portion ca.: 725 kcal

1 | Mehl, Milch und Polenta verrühren. Eier und 1 Prise Salz untermischen. Teig 30 Min. quellen lassen.

2 | Blumenkohl waschen, in kleine Röschen schneiden. 3 EL Öl erhitzen, Kohl darin bei mittlerer Hitze 5 Min. braten. Milch 3 Min. mitkochen lassen. Tofu 2 cm groß würfeln, im restlichen Öl anbraten. Mit Sojasauce und Wasabi würzen, zum Kohl geben.

3 | Backofen auf 80° einstellen, Blumenkohl hineinstellen. Aus dem Teig nach und nach in Fett Pfannkuchen backen, warm halten.

4 | Das Tofu-Gemüse auf den Pfannkuchen verteilen, mit dem Sesam bestreuen.

orientalisch | preiswert

Buchweizen-crêpes mit Kichererbsen

FÜR 4 PERSONEN

➤ 150 g Buchweizenmehl
350 ml Milch | 3 Eier
Salz | 8 EL Olivenöl
4 EL Mineralwasser mit Kohlensäure
2 Zwiebeln | 4 Möhren
200 g Kichererbsen (Dose)
2 EL mildes Currypulver
200 g Sahne
1/2 Bund Minze
150 g Naturjoghurt
1 EL Zitronensaft
Fett zum Backen

🕐 Zubereitung: 1 Std.
➤ Pro Portion ca.: 700 kcal

1 | Mehl und Milch verrühren, Eier, 1 Prise Salz, 4 EL Öl und das Wasser unterschlagen. Teig quellen lassen.

2 | Zwiebeln und Möhren schälen und in Streifen bzw. dünne Scheiben schneiden. 3 EL Öl erhitzen, Zwiebeln und Möhren darin bei mittlerer Hitze 5–8 Min. anbraten. Kichererbsen abgießen, mit Curry und Sahne untermischen und 5 Min. garen.

3 | Minze waschen, trockenschütteln und fein schneiden, mit Joghurt verrühren. Mit Zitronensaft, Salz und 1 EL Öl abschmecken.

4 | Backofen auf 80° einstellen. Kichererbsen hineinstellen. Aus dem Teig nach und nach in Fett Crêpes backen. Im Ofen warm halten.

5 | Crêpes zum Dreieck falten und mit dem Kichererbsen-Möhren-Gemüse und dem Joghurt auf Tellern anrichten.

im Bild vorne: Maispfannkuchen mit Tofu-Gemüse   *im Bild hinten:* Buchweizencrêpes mit Kichererbsen ➤

Rezepte
VEGETARISCH GEFÜLLT

braucht etwas Zeit

Pfannkuchen mit Bohnen und Linsen

FÜR 4 PERSONEN

➤ 375 g Bohnen und Linsen
(z. B. weiße dicke Bohnen,
Mungobohnen, rote Linsen)
1 Zwiebel | 4 EL Olivenöl
200 g Mehl | 400 ml Milch
4 Eier (Größe M) | Salz
50 g Rucola
Pfeffer
5 EL Balsamico bianco

⏱ Einweichzeit: 12 Std.
⏱ Zubereitung: 40 Min.
⏱ Garzeit: 1 Std.
➤ Pro Portion ca.: 700 kcal

1 | Die dicken weißen Bohnen etwa 12 Std., die Mungobohnen 2 Std. in reichlich Wasser einweichen.

2 | Bohnen abtropfen lassen, Zwiebel schälen und fein würfeln. Beides in 2 EL Öl kurz andünsten, mit 900 ml Wasser aufgießen und zugedeckt in 45 Min. bei schwacher Hitze weich garen. Die roten Linsen noch 15 Min. mitgaren.

3 | Gleichzeitig Mehl und Milch verrühren, Eier und 1 Prise Salz unterschlagen. Teig 30 Min. quellen lassen.

4 | Backofen auf 80° einstellen. Aus dem Teig nach und nach im übrigen Öl Pfannkuchen backen, warm halten.

5 | Rucola waschen, trockenschütteln und grob hacken. Unter die Bohnen und Linsen mischen, mit Salz, Pfeffer und Essig abschmecken. Zu den Pfannkuchen servieren.

gelingt leicht | preiswert

Crêpes mit Sellerie-Apfel-Püree

FÜR 4 PERSONEN

➤ 1 1/2 EL Butter
150 g Mehl | 350 ml Milch
3 Eier (Größe M) | Salz
4 EL Mineralwasser mit Kohlensäure
700 g Knollensellerie
125 g Sahne
3 EL Weißweinessig
125 ml Gemüsebrühe
2 säuerliche Äpfel
1 Bund Schnittlauch

8 EL saure Sahne
Fett zum Backen

⏱ Zubereitung: 1 Std. 10 Min.
➤ Pro Portion ca.: 510 kcal

1 | Die Butter schmelzen. Mehl und Milch verrühren, Eier, 1 Prise Salz, Butter und Wasser unterschlagen. Teig 30 Min. quellen lassen.

2 | Sellerie schälen, in 2 cm große Würfel schneiden. Sahne, Essig und Brühe erhitzen, Sellerie darin in 7 Min. weich kochen. Die Äpfel schälen, entkernen, klein würfeln. In 1 EL Fett 3 Min. anbraten. Den Schnittlauch waschen, trockenschütteln und fein schneiden.

3 | Backofen auf 80° einstellen. Gemüse hineinstellen. Aus dem Teig nach und nach in Fett Crêpes backen. Im Ofen warm halten.

4 | Sellerie fein pürieren, Apfelstücke und saure Sahne untermischen, mit Salz abschmecken. Die Crêpes zu Taschen formen und das Püree einfüllen. Mit Schnittlauch bestreuen.

im Bild vorne: **Crêpes mit Sellerie-Apfel-Püree** *im Bild hinten:* **Pfannkuchen mit Bohnen und Linsen** ➤

Mit Seafood und Fleisch

Nicht nur mit Schokolade oder Gemüse sind Pfannkuchen & Co. ein Gedicht, auch mit Seafood und Fleisch kombiniert schmecken sie ausgezeichnet. Ob Pancakes mit Lachs und Spinat, Crêpes mit Senfgarnelen, Pfannkuchen mit Lammragout oder Blini mit Entenbrustfilet – einmal probiert, verlangen diese Rezepte nach mehr. Kein Problem, in diesem Kapitel stehen noch etliche andere, die nachgekocht werden möchten.

45 Pfannkuchen-Spieße

45 Blini-Häppchen

46 Crêpes-Garnelen auf Blattspinat

46 Schmarrn mit Forellenfilet

48 Crêpes mit Meeresfrüchten

48 Indische Fisch-Pfannkuchen

50 Pancakes mit Lachs und Spinat

50 Pfannkuchen mit fruchtigem Kabeljau

52 Crêpes mit Senfgarnelen

52 Pancake-Burger

55 Pfannkuchen mit Schweinefleisch süßsauer

56 Crêpes mit Kalbsleber

56 Pfannkuchen mit Weißwurstgröstl

58 Blini mit Entenbrustfilet

58 Pfannkuchen mit Mango-Huhn

Rezepte
MIT SEAFOOD UND FLEISCH

Blitzrezepte

Pfannkuchen-Spieße

FÜR 16 STÜCK

▶ 200 g Mehl | 400 ml Milch | 4 Eier (Größe M) | Salz | 1 Bund Dill 2 EL rosa Pfefferkörner | 100 g Dijon-Senf mit Honig | 16 große Scheiben Graved Lachs | Fett zum Backen 16 Holzspieße

1 | Mehl und Milch verrühren, Eier und 1 Prise Salz unterschlagen. Dill waschen, trockenschütteln und fein schneiden. Pfeffer im Mörser fein zerstoßen, Senf mit wenig Wasser verdünnen.

2 | Aus dem Teig nach und nach in Fett Pfannkuchen backen. Mit Senf bestreichen, mit Lachs belegen und mit Dill und Pfeffer bestreuen. Straff aufrollen, in Stücke schneiden, auf die Spieße stecken.

Blini-Häppchen

FÜR 4 PERSONEN

▶ 3 EL Butter | 10 g frische Hefe 1 TL Zucker | 300 ml lauwarme Milch 200 g Mehl (Type 405) | 300 g Buchweizenmehl | Salz | 2 Eier (Größe M) 250 g Meerrettich-Frischkäse | 300 g Roastbeef in dünnen Scheiben (ersatzweise kalter Braten) | Fett zum Backen Kürbiskernöl zum Beträufeln

1 | Butter schmelzen. Hefe mit Zucker, Milch und 2 EL Mehl verrühren, 15 Min. gehen lassen. Übriges Mehl, 1 Prise Salz, Eier und Butter unterschlagen. Aus dem Teig nach und nach in Fett Blini backen.

2 | Blini mit dem Frischkäse bestreichen, den kalten Braten dekorativ darauf legen und mit Kürbiskernöl beträufeln.

Rezepte
MIT SEAFOOD UND FLEISCH

für Gäste | gelingt leicht
Crêpe-Garnelen auf Blattspinat

FÜR 4 PERSONEN

➤ 1/2 EL Butter

75 g Mehl | 175 ml Milch

2 Eier (Größe M) | Salz

6 EL Mineralwasser mit Kohlensäure

300 g Blattspinat

1 Möhre | 4 EL Orangensaft

1 EL Apfelessig

1 TL Zucker | Pfeffer

6 EL Distelöl

500 g gegarte Riesengarnelen

500 g Frittierfett

🕒 Zubereitung: 50 Min.

➤ Pro Portion ca.: 665 kcal

1 | Butter schmelzen. Mehl und Milch verrühren, Eier, 1 Prise Salz, Butter und 2 EL Wasser unterschlagen. Teig 30 Min. quellen lassen.

2 | Spinat putzen und gut waschen. Möhre schälen und mit dem Sparschäler längs in dünne Scheiben schneiden. Orangensaft, übriges Wasser, Essig, Zucker, Salz, Pfeffer und Öl verrühren. Mit Spinat und Möhre mischen.

3 | Backofen auf 80° einstellen. Frittierfett in einem weiten Topf erhitzen. Garnelen schälen, salzen und pfeffern. Garnelen in den Crêpes-Teig tauchen und im Fett 3 Min. backen. Crêpes auf Küchenpapier abtropfen lassen und im Ofen warm halten. Den Salat durchmischen und auf Tellern anrichten, mit den Crêpe-Garnelen belegen.

➤ Getränk: kräftiger und fruchtiger Rotwein, z.B. Blaufränkisch classic 2002

preiswert
Schmarrn mit Forellenfilet

FÜR 4 PERSONEN

➤ 4 Eier (Größe M)

200 g Mehl

400 ml Milch

8 Scheiben geräucherter Schinkenspeck

500 g frisches Forellenfilet (ohne Haut)

Salz | Pfeffer

Fett zum Braten und Ausbacken

🕒 Zubereitung: 1 Std.

➤ Pro Portion ca.: 785 kcal

1 | Eier trennen. Mehl und Milch verrühren, die Eigelbe unterschlagen. Den Teig 30 Min. quellen lassen.

2 | Backofen auf 80° einstellen. Speck in feine Streifen schneiden. Die Forellenfilets in 2 cm große Stücke schneiden, salzen, pfeffern. Eiweiße mit 1 Prise Salz steif schlagen und unter den Teig heben.

3 | Ein Viertel des Specks in etwas Fett anbraten. Ein Viertel der Forellenfilets dazugeben, 1 Min. mit anbraten. Ein Viertel des Teiges auf dem Fisch verteilen und backen.

4 | Wenn die untere Seite goldgelb ist, Pfannkuchen halbieren und wenden. Wenn die zweite Seite ebenfalls gebräunt ist, mit der Gabel in Stücke zerreißen. Im Ofen warm halten.

5 | Mit den restlichen Zutaten noch drei weitere Portionen Schmarrn ausbacken.

➤ Dazu passt: Feldsalat mit Walnüssen und einer Vinaigrette mit Walnussöl

im Bild vorne: Crêpe-Garnelen auf Blattspinat   im Bild hinten: Schmarrn mit Forellenfilet ➤

Rezepte
MIT SEAFOOD UND FLEISCH

mediterran | fruchtig

Crêpes mit Meeresfrüchten

FÜR 4 PERSONEN

➤ 500 g TK-Meeresfrüchte-Mischung

150 g Mehl | 350 ml Milch

3 Eier (Größe M) | Salz

9 EL Olivenöl

4 EL Mineralwasser mit Kohlensäure

2 Möhren

4 Knoblauchzehen

2 unbehandelte Zitronen

200 g Kirschtomaten

1 Bund Petersilie

100 ml Weißwein (ersatzweise Fischfond)

2 gestrichene TL Speisestärke | 2 TL Zucker

Pfeffer

🕐 Zubereitung: 1 Std.

➤ Pro Portion ca.: 555 kcal

1 | Meeresfrüchte auftauen lassen. Mehl und Milch verrühren, Eier, 1 Prise Salz, 4 EL Öl und Wasser unterschlagen. Teig quellen lassen.

2 | Möhren und Knoblauch schälen und fein schneiden. Zitronen heiß waschen, Schale abreiben, Saft auspressen.

Tomaten waschen und halbieren. Petersilie waschen, trockenschütteln, hacken.

3 | Möhre und Knoblauch in 3 EL Öl bei mittlerer Hitze kurz andünsten. Meeresfrüchte, Zitronenschale und -saft dazugeben. Wein und Stärke mischen, unterrühren, kurz aufkochen lassen. Tomaten und Petersilie untermischen, mit Salz, Zucker und Pfeffer abschmecken.

4 | Backofen auf 80° einstellen. Meeresfrüchte hineinstellen. Aus dem Teig nach und nach im übrigen Öl Crêpes backen, warm halten. Mit dem Meeresfrüchte-Ragout servieren.

gut für Gäste

Indische Fisch-Pfannkuchen

FÜR 4 PERSONEN

➤ 200 g Mehl | 400 ml Milch

4 Eier (Größe M) | Salz

500 g Zanderfilet

3 Zwiebeln

2 Knoblauchzehen

5 EL Olivenöl

2 EL Garam Masala (indische Gewürzmischung)

Saft von 1 Limette

1/8 l Fischfond (Glas)

8 Kirschtomaten

3 EL Kokosflocken

🕐 Zubereitung: 1 Std.

➤ Pro Portion ca.: 530 kcal

1 | Mehl und Milch verrühren, Eier und 1 Prise Salz unterschlagen.

2 | Zanderfilet 2 cm groß würfeln. Zwiebeln und Knoblauch schälen, fein schneiden und in 3 EL Öl glasig dünsten. Garam Masala kurz mit anbraten, mit Limettensaft und Fond aufgießen. 5 Min. bei schwacher Hitze kochen lassen.

3 | Fischstücke hineinlegen und weitere 5 Min. ziehen lassen. Die Kirschtomaten waschen, halbieren und mit den Kokosflocken zugeben.

4 | Backofen auf 80° einstellen, den Fisch hineinstellen. Aus dem Teig nach und nach im übrigen Öl Pfannkuchen backen, warm halten. Mit dem indischen Fisch-Ragout servieren.

im Bild vorne: Crêpes mit Meeresfrüchten   *im Bild hinten:* Indische Fisch-Pfannkuchen ➤

Rezepte
MIT SEAFOOD UND FLEISCH

gut für Gäste

Pancakes mit Lachs und Spinat

FÜR 4 PERSONEN

- 3 EL Butter
- 250 g Mehl
- 1 Päckchen Backpulver
- 1 Prise Salz | 1/2 l Milch
- 4 Eier (Größe M)
- 1 Zwiebel
- 1 Knoblauchzehe
- 1/8 l Gemüsebrühe
- 250 g TK-Blattspinat
- 500 g Lachsfilet | Pfeffer
- 100 g Feta (Schafkäse)
- Fett für Pfanne und Form

○ Zubereitung: 1 Std. 10 Min.
- Pro Portion ca.: 880 kcal

1 | Die Butter schmelzen. Mehl, Backpulver, Salz und Milch verrühren, Eier und 2 EL Butter unterschlagen.

2 | Zwiebel und Knoblauch schälen, fein würfeln, in Fett andünsten. Brühe angießen, Spinat zugeben und bei schwacher Hitze auftauen lassen. Den Lachs 2 cm groß würfeln, salzen und pfeffern. Feta grob zerbröseln.

3 | Aus dem Teig in einer kleinen Pfanne in Fett Pancakes backen. Backofen auf 180° (Umluft 160°) vorheizen, eine hitzebeständige Form fetten.

4 | Spinat ohne Flüssigkeit auf den Pancakes verteilen. Feta darüber streuen, den Lachs längs in einer Linie verteilen. Pancakes zusammenrollen, wobei der Lachs in der Mitte liegen soll. Fertige Rollen in die Form geben, mit übriger flüssiger Butter beträufeln. Im Ofen (Mitte) 10 Min. backen.

gut für Gäste

Pfannkuchen mit fruchtigem Kabeljau

FÜR 4 PERSONEN

- 200 g Mehl | 400 ml Milch
- 4 Eier (Größe M) | Salz
- 400 g Fenchel | 4 EL Butter
- 4 EL Pernod (ersatzweise Orangensaft)
- 1/2 TL Fenchelsamen
- 1 EL gekörnte Gemüsebrühe | 100 g Sahne
- 500 g Kabeljaufilet
- Pfeffer
- 2 Orangen
- 100 g saure Sahne

○ Zubereitung: 1 Std.
- Pro Portion ca.: 665 kcal

1 | Mehl und Milch verrühren, Eier und 1 Prise Salz unterschlagen. Den Teig quellen lassen.

2 | Den Fenchel waschen, in 1 cm große Stücke schneiden, in 1 EL Butter anbraten. Pernod, Fenchelsamen und gekörnte Brühe dazugeben, Sahne aufgießen. 5 Min. köcheln lassen.

3 | Fisch in 3 cm große Stücke schneiden, salzen, pfeffern. Orangen so schälen, dass die weiße Haut mit entfernt wird, und 2 cm groß würfeln.

4 | Backofen auf 180° (Umluft 160°) vorheizen, eine hitzebeständige Form ausfetten. Aus dem Teig nach und nach in der übrigen Butter Pfannkuchen backen. Fisch, Fenchel und Orangen auf den Pfannkuchen verteilen, aufrollen. In die Form legen und mit der sauren Sahne bestreichen. Im Ofen (Mitte) 12 Min. garen.

im Bild vorne: Pancakes mit Lachs und Spinat   _im Bild hinten:_ Pfannkuchen mit fruchtigem Kabeljau

Rezepte
MIT SEAFOOD UND FLEISCH

gelingt leicht

Crêpes mit Senfgarnelen

FÜR 4 PERSONEN

➤ Für die Crêpes:
1 1/2 EL Butter
150 g Mehl | 350 ml Milch
3 Eier (Größe M) | Salz
4 EL Mineralwasser mit Kohlensäure
Fett zum Backen

➤ Für die Garnelen:
2 Knoblauchzehen
2 Limetten
2 TL Speisestärke
2 EL Butter
500 g Sahne
400 ml Fischfond (Glas)
je 3 TL Honig-Dijon-Senf und mittelscharfer Senf
500 g gegarte geschälte Garnelen | Pfeffer
6 EL Schnittlauchröllchen

🕐 Zubereitung: 1 Std.
➤ Pro Portion ca.: 990 kcal

1 | Butter schmelzen. Mehl und Milch verrühren, Eier, 1 Prise Salz, Butter und Wasser unterschlagen. 30 Min. quellen lassen.

2 | Knoblauch schälen, fein würfeln. Limetten waschen,

Schale abreiben, Saft auspressen, beides mit der Stärke verrühren.

3 | Butter erhitzen, Knoblauch darin andünsten. Sahne und Fond angießen, 10 Min. bei starker Hitze kochen lassen. Limettensaft und Senf unterrühren, aufkochen lassen. Die Garnelen darin kurz erhitzen, salzen und pfeffern.

4 | Backofen auf 80° einstellen. Garnelen hineinstellen. Aus dem Teig in Fett Crêpes backen, warm halten. Mit Garnelen anrichten, Schnittlauch darüber streuen.

macht was her

Pancake-Burger

FÜR 4 PERSONEN

➤ 1 Päckchen Backpulver
250 g Mehl | 1/2 l Milch
Salz | 4 Eier (Größe M)
10 EL Öl | 2 Zwiebeln
400 g Rinderhackfleisch
Pfeffer | 2 Tomaten
4 süßsaure Gurkensticks
8 Salatblätter
4 Scheiben Butterkäse
Ketchup, Mayonnaise und Senf nach Belieben

🕐 Zubereitung: 1 Std.
➤ Pro Portion ca.: 910 kcal

1 | Backpulver, Mehl, Milch und 1 Prise Salz verrühren, die Eier und 6 EL Öl unterschlagen.

2 | Zwiebeln schälen und fein würfeln. Die Hälfte davon mit Hackfleisch, Salz, Pfeffer und Senf verkneten, kühl stellen. Die Tomaten waschen, in dünne Scheiben schneiden. Gurken längs in dünne Spalten teilen. Abdecken und beiseite stellen.

3 | Backofen auf 80° einstellen. Aus dem Teig in einer kleinen Pfanne nach und nach in 2 EL Öl dicke Pancakes backen, warm halten. Hackfleisch zu 4 dünnen Fleischküchlein formen und im übrigen Öl bei mittlerer Hitze auf jeder Seite 3 Min. braten.

4 | Auf die Hälfte der Pancakes Salatblätter, Zwiebeln, Tomaten, Fleischküchlein, Käse, Ketchup, Mayonnaise und Senf geben, mit den restlichen Pancakes belegen.

im Bild vorne: **Pancake-Burger**   *im Bild hinten:* **Crêpes mit Senfgarnelen** ➤

Rezepte
MIT SEAFOOD UND FLEISCH

asiatisch | fruchtig
Pfannkuchen mit Schweinefleisch süßsauer

FÜR 4 PERSONEN
- ➤ Für die Pfannkuchen:
  200 g Mehl
  400 ml Milch
  4 Eier (Größe M)
  5 EL Sojasauce
  Fett zum Backen
- ➤ Für das Schweinefleisch:
  2 Möhren | 2 Zwiebeln
  1 Stück Ananas (150 g)
  2 Frühlingszwiebeln
  350 g Schweinelende
  5 EL Öl | 1 EL Tomatenmark
  3 EL Weißweinessig
  1 EL Puderzucker
  1 EL Reismehl (ersatz-
  weise Speisestärke)
  2 EL Orangensaft

◷ Zubereitung: 1 Std.
➤ Pro Portion ca.: 700 kcal

1 | Für die Pfannkuchen Mehl und Milch verrühren, die Eier und 1 EL Sojasauce unterschlagen. Beiseite stellen.

2 | Für das Fleisch Möhren, Zwiebeln und Ananas schälen und fein schneiden. Früh-lingszwiebeln waschen, putzen und in 2–3 cm breite Stücke schneiden. Fleisch in 1 cm breite Streifen schneiden. 2 EL Öl erhitzen, das Fleisch darin bei starker Hitze 2 Min. kräftig anbraten, aus der Pfanne nehmen.

3 | 1 EL Öl erhitzen, Gemüse darin 3 Min. braten. Tomatenmark mit Essig, übriger Sojasauce und Zucker verrühren, Gemüse damit ablöschen. Das Reismehl mit Orangensaft und 4 EL Wasser anrühren, zum Gemüse geben und bei mittlerer Hitze 1 Min. garen. Fleisch zugeben, vom Herd nehmen.

4 | Backofen auf 80° einstellen. Das Fleisch hineinstellen. Aus dem Teig nach und nach im übrigen Öl Pfannkuchen backen. Im Ofen warm halten. Mit dem Schweinefleisch servieren.

TIPP

Pfannkuchen mit Lammragout

Um Statt mit süßsaurem Schweinefleisch schmecken die Pfannkuchen auch mit Lammragout. Dazu 1 gelbe Paprikaschote putzen und waschen, 1 Knoblauchzehe und 2 Zwiebeln schälen, alles fein schneiden.

3 EL Olivenöl erhitzen und 500 g Lammragout (in 1 cm großen Würfeln) 4 Min. bei starker Hitze anbraten. Knoblauch und Zwiebel dazugeben und 3 Min. mitbraten. Mit Salz, 1 EL edelsüßem Paprikapulver, je 1/2 TL Zucker und Zimt bestäuben und mit etwas Wasser ablöschen.

1 Dose Tomaten (400 g Inhalt) dazugeben, 25 Min. bei schwacher Hitze garen. Die Paprika untermischen und weitere 5 Min. kochen.

Das Ragout auf der Hälfte jedes Pfannkuchens verteilen und die leere Seite des Pfannkuchens darüber schlagen.

◄ *im Bild vorne:* Pfannkuchen mit Schweinefleisch süßsauer *im Bild hinten:* Variante mit Lammragout

Rezepte
MIT SEAFOOD UND FLEISCH

gut für Gäste

Crêpes mit Kalbsleber

FÜR 4 PERSONEN

➤ Für die Crêpes:
  1 1/2 EL Butter
  150 g Mehl | 350 ml Milch
  3 Eier (Größe M) | Salz
  4 EL Mineralwasser mit Kohlensäure
➤ Für die Füllung:
  500 g Kalbsleber
  3 Zwiebeln
  2 saure Äpfel (Boskop)
  Salz | Pfeffer
  1/8 l Weißwein (ersatzweise Kalbsfond)
  8 EL Sahne
  1 EL Kapern
➤ Fett zum Braten

🕐 Zubereitung: 1 Std.
➤ Pro Portion ca.: 755 kcal

1 | Butter schmelzen. Mehl und Milch verrühren, Eier, 1 Prise Salz, Butter und Wasser unterschlagen. Teig 30 Min. quellen lassen.

2 | Backofen auf 80° einstellen. Aus dem Teig nach und nach in Fett Crêpes backen. Im Ofen warm halten.

3 | Leber von Haut und Adern befreien und in 2 cm dicke Streifen schneiden. Zwiebeln schälen, in Ringe schneiden. Äpfel schälen, putzen, in dünne Spalten schneiden.

4 | 2 EL Fett erhitzen, Zwiebeln darin goldgelb braten. Äpfel mitschmoren. An den Rand schieben.

5 | Leber unter Rühren 3 Min. braten. Salzen, pfeffern, alles aus der Pfanne nehmen. Bratensatz mit Wein und Sahne ablöschen, 1 Min. einkochen lassen. Leber, Zwiebeln, Äpfel und Kapern in die Sauce geben. Zu den Crêpes servieren.

preiswert | gelingt leicht

Pfannkuchen mit Weißwurstgröstl

FÜR 4 PERSONEN

➤ 200 g Mehl | 400 ml Milch
  4 Eier (Größe M) | Salz
  5 EL Olivenöl
  4 Zwiebeln
  4 Münchner Weißwürste
  4 Stängel glatte Petersilie
  2 EL mittelscharfer Senf

🕐 Zubereitung: 1 Std.
➤ Pro Portion ca.: 600 kcal

1 | Mehl und Milch verrühren, Eier und 1 Prise Salz unterschlagen.

2 | Backofen auf 80° einstellen. Aus dem Teig nach und nach in 2 EL Öl Pfannkuchen backen, warm halten.

3 | Zwiebeln schälen und in feine Ringe schneiden. Die Würste häuten und in dünne Scheiben schneiden. Petersilie waschen, trockenschütteln und fein hacken.

4 | Die Zwiebeln in 3 EL Öl anbraten. Salzen, mit wenig Wasser ablöschen und die Flüssigkeit einkochen lassen. Weißwürste untermischen und 1 Min. mit den Zwiebeln braten.

5 | Den Senf mit 2 EL Wasser verrühren, die Pfannkuchen damit dünn bestreichen. Pfannkuchen jeweils zur Hälfte mit etwa 4 EL Wurstgröstl belegen, mit Petersilie bestreuen und die leere Seite des Pfannkuchens darüber schlagen.

im Bild vorne: **Pfannkuchen mit Weißwurstgröstl**   *im Bild hinten:* **Crêpes mit Kalbsleber** ➤

Rezepte
MIT SEAFOOD UND FLEISCH

fruchtig | für Gäste

Blini mit Entenbrustfilet

FÜR 4 PERSONEN

➤ 10 g frische Hefe
170 g Zucker
300 ml lauwarme Milch
200 g Mehl (Type 405)
100 g Buchweizenmehl
2 EL Butter | Salz | 2 Eier
320 g frische Cranberries
(ersatzweise Preiselbeeren
aus dem Glas)
2 EL Butterschmalz
4 Entenbrustfilets (à 180 g)
3 Frühlingszwiebeln
Fett zum Backen

🕐 Zubereitung: 1 Std.
🕐 Gehzeit: 45 Min.
➤ Pro Portion ca.: 1160 kcal

1 | Hefe mit 1 TL Zucker, Milch, 2 EL Mehl verrühren, 15 Min. gehen lassen. Die Butter schmelzen. Übriges Mehl, 1 Prise Salz, Eier und Butter unterschlagen. 30 Min. quellen lassen.

2 | Cranberries mit 1/4 l Wasser und übrigem Zucker 8 Min. bei mittlerer Hitze kochen. Backofen auf 180° vorheizen. Aus dem Teig nach und nach in Fett Blini backen.

3 | Schmalz erhitzen, Entenbrüste auf der Haut 3 Min. bei starker Hitze anbraten, umdrehen und 2 Min. braten. Im Ofen (Mitte) 10 Min. fertig garen. Herausnehmen, in Alufolie wickeln, 5 Min. ruhen lassen.

4 | Blini im ausgeschalteten Ofen warm stellen. Zwiebeln waschen, putzen, in Streifen schneiden, im Bratensatz 1 Min. anbraten. Die Entenbrust in Scheiben schneiden und mit Blini, Cranberries und Zwiebeln anrichten.

exotisch | fruchtig

Pfannkuchen mit Mango-Huhn

FÜR 4 PERSONEN

➤ 200 g Mehl | 400 ml Milch
4 Eier (Größe M) | Salz
1 vollreife Mango
500 g Hähnchenbrustfilet
1 Stück Ingwer (etwa 1 cm)
250 g Kirschtomaten
1 großes Bund Basilikum

4 EL Öl
200 ml Gemüsefond
1 EL Balsamico bianco
Pfeffer
200 g Crème fraîche

🕐 Zubereitung: 1 Std.
➤ Pro Portion ca.: 765 kcal

1 | Mehl und Milch verrühren, Eier und 1 Prise Salz unterschlagen. Mango schälen und wie das Fleisch 1 cm groß würfeln. Ingwer schälen und fein reiben, Tomaten waschen und halbieren. Basilikumblätter von den Stängeln zupfen.

2 | 2 EL Öl erhitzen, Hähnchen darin bei starker Hitze 2 Min. anbraten, herausnehmen. Ingwer und Mango kurz anbraten, Fond aufgießen und 4–5 Min. kochen lassen. Hähnchen und Tomaten dazugeben, mit Essig, Salz und Pfeffer würzen, das Basilikum aufstreuen.

3 | Backofen auf 80° einstellen. Füllung hineinstellen. Aus dem Teig nach und nach im übrigen Öl Pfannkuchen backen, warm halten. Mit dem Hähnchen und der Crème fraîche füllen.

im Bild vorne: Blini mit Entenbrustfilet   im Bild hinten: Pfannkuchen mit Mango-Huhn ➤

Zum Gebrauch

Damit Sie die Rezepte noch schneller finden können, stehen in diesem Register zusätzlich auch typische Pfannkuchen wie **Blini** oder **Pancakes – hervorgehoben** gedruckt – über den entsprechenden Rezepten.

A

Ahornsirup: Pancakes mit
   Ricotta und Ahornsirup   11

Äpfel

   Crêpes mit Kalbsleber   56

   Crêpes mit Sellerie-Apfel-
   Püree   42

   Pancakes mit Bircher Müsli   22

   Pfannkuchen mit Sauer-
   krautgemüse   31

Aubergine

   Palatschinken mit Thai-
   Curry   38

   Pancakes mit Auberginen-
   Paprika-Gemüse   36

Ausbacken   6, 7

B

Blini

   Blini-Häppchen   45

   Blini mit Apfelmus und
   Preiselbeersahne   16

   Blini mit Entenbrustfilet   58

   Blini mit Kokosquark   22

   Grundrezept   5

   Info   7

   Nussig karamellisierte Blini   26

Bohnen: Pfannkuchen mit
   Bohnen und Linsen   42

Buchweizenmehl

   Blini mit Apfelmus und
   Preiselbeersahne   16

   Blini mit Entenbrustfilet   58

   Blini mit Kokosquark   22

   Blini-Häppchen   45

   Buchweizencrêpes mit
   Kichererbsen   40

C

Crêpes

   Buchweizencrêpes mit
   Kichererbsen   40

   Crêpes mit Schokosauce
   und Schuss   11

   Crêpes-Röllchen   38

   Crêpes mit Chili-Vanille-
   Kürbis   34

   Crêpes mit Kalbsleber   56

   Crêpes mit Lemon Curd   26

   Crêpes mit Meeresfrüchten   48

   Crêpes mit Sellerie-Apfel-
   Püree   42

   Crêpes mit Senfgarnelen   52

   Crêpes Suzette   18

   Eisige Crêpes-Päckchen   15

   Feigen-Crêpes mit Mas-
   carpone   12

   Gegrillte Crêpes-Saté   33

   Grundrezept   4

   Info   7

Crêpe-Garnelen auf
   Blattspinat   46

Crespelle: Info   7

E/F

Eisige Crêpes-Päckchen   15

Entenbrust: Blini mit Entenbrustfilet   58

Feigen-Crêpes mit Mas-
   carpone   12

Flädlesuppe mit Sherry   9

Forellenfilet: Schmarrn mit
   Forellenfilet   46

Füllungen, pikante   8

Füllungen, süße   8

G/H

Galettes: Info   7

Garnelen

   Crêpe-Garnelen auf
   Blattspinat   46

   Crêpes mit Senfgarnelen   52

Gegrillte Crêpes-Saté   33

Gewokte Pfannkuchen
   mit Rind   9

Gratinierte Sardinenfilets   9

Hackfleisch: Pancake-Burger   52

Hähnchenbrust: Pfann-
   kuchen mit Mango-Huhn   58

Hefepfannkuchen

   Grundrezept   5

   Info   7

I/K

Indische Fisch-Pfannkuchen   48

Kabeljau: Pfannkuchen mit
   fruchtigem Kabeljau   50

Kaiserschmarrn (Variante)   29

Kalbsleber: Crêpes mit
   Kalbsleber   56

Kichererbsen: Buchweizen-
   crêpes mit Kichererbsen   40

Kirschen: Schaumpfann-
   kuchen mit Kirschen   16

Knollensellerie: Crêpes mit
   Sellerie-Apfel-Püree   42

Kürbis: Crêpes mit Chili-
   Vanille-Kürbis   34

L/M

Lachs

   Pancakes mit Lachs und
   Spinat   50

   Pfannkuchen-Spieße   45

Lammfleisch: Pfannkuchen
   mit Lammragout (Variante)   55

Lemon Curd: Crêpes mit
   Lemon Curd   26

Linsen: Pfannkuchen mit
   Bohnen und Linsen   42

Maispfannkuchen mit Tofu-
Gemüse 40

Mango: Pfannkuchen mit
Mango-Huhn 58

Mascarpone: Feigen-Crêpes
mit Mascarpone 12

Meeresfrüchte: Crêpes mit
Meeresfrüchten 48

Mehl-Alternativen 8

Milch-Alternativen 8

Mohnfleckerl 20

N/P

Nüsse

Nussig karamellisierte Blini 26

Pancakes mit Bircher Müsli 22

Palatschinken mit Thai-Curry 38

Palatschinken: Rosen-Palat-
schinken-Törtchen 25

Pancakes

Grundrezept 5

Info 7

Pancake-Burger 52

Pancake-Croques-Monsieurs 9

Pancake-Crumble 20

Pancakes mit Auberginen-
Paprika-Gemüse 36

Pancakes mit Bircher Müsli 22

Pancakes mit Lachs und
Spinat 50

Pancakes mit Ricotta und
Ahornsirup 11

Paprika: Pancakes mit Auberginen-Paprika-Gemüse 36

Pfannen 6, 7

Pfannkuchen

Grundrezept 4

Indische Fisch-Pfann-
kuchen 48

Info 7

Maispfannkuchen mit
Tofu-Gemüse 40

Pfannkuchen mit Bohnen
und Linsen 42

Pfannkuchen mit
fruchtigem Kabeljau 50

Pfannkuchen mit Frucht-
salat 12

Pfannkuchen mit Lamm-
ragout (Variante) 55

Pfannkuchen mit Mango-
Huhn 58

Pfannkuchen mit Sauer-
krautgemüse 31

Pfannkuchen mit Schweine-
fleisch süßsauer 55

Pfannkuchen mit Weiß-
wurstgröstl 56

Pfannkuchen-Spieße 45

Spargel-Pfannkuchen 34

Tomatenpfannkuchen 31

Polenta: Maispfannkuchen
mit Tofu-Gemüse 40

Q/R

Quark

Blini mit Kokosquark 22

Feigen-Crêpes mit Mas-
carpone 12

Topfenpalatschinken 18

Reismehl: Crêpes-Röllchen 38

Ricotta

Pancakes mit Ricotta und
Ahornsirup 11

Schaumpfannkuchen
mit Spargel 36

Rosen-Palatschinken-
Törtchen 25

S

Sauerkraut: Pfannkuchen
mit Sauerkrautgemüse 31

Schaumpfannkuchen

Grundrezept 4

Schaumpfannkuchen
mit Kirschen 16

Schaumpfannkuchen
mit Spargel 36

Schmarrn mit Forellenfilet 46

Schokolade

Nussig karamellisierte Blini 26

Rosen-Palatschinken-
Törtchen 25

Crêpes mit Schokosauce
und Schuss 11

Schweinefleisch: Pfannkuchen
mit Schweinefleisch süß-
sauer 55

Spargel

Schaumpfannkuchen
mit Spargel 36

Spargel-Pfannkuchen 34

Spinat

Crêpe-Garnelen auf
Blattspinat 46

Pancakes mit Lachs und
Spinat 50

T

Tofu: Maispfannkuchen
mit Tofu-Gemüse 40

Tomaten

Crêpes mit Meeresfrüchten 48

Pancakes mit Auberginen-
Paprika-Gemüse 36

Pfannkuchen mit Mango-
Huhn 58

Schaumpfannkuchen
mit Spargel 36

Tomatenpfannkuchen 31

Topfenpalatschinken 18

W/Z

Weißwürste: Pfannkuchen
mit Weißwurstgröstl 56

Williams-Christ-Schmarrn 29

Zander: Indische Fisch-
Pfannkuchen 48

Zitronen: Crêpes mit
Lemon Curd 26

Extra
IMPRESSUM

Die Autorin
Christina Kempe ist Kochbuchautorin und Foodstylistin und leitet seit 1998 erfolgreich ein Redaktionsbüro in München. Ihr umfassendes Know-how in Sachen Food gründet auf einem Studium der Ernährungswissenschaft und Hauswirtschaft. Den Feinschliff bezüglich Buchherstellung holte sie sich bei namhaften Verlagen. In Fotostudios kann sie beim Styling ihre Kreativität voll ausschöpfen. Ihre Begeisterung fürs Kochen spiegelt sich in ihren Rezepten wider.

Der Fotograf
Michael Brauner arbeitete nach Abschluss der Fotoschule in Berlin als Fotoassistent bei namhaften Fotografen in Frankreich und Deutschland, er machte sich 1984 selbständig. Sein individueller, atmosphärereicher Stil wird überall geschätzt: in der Werbung ebenso wie bei vielen bekannten Verlagen.

Bildnachweis
Titelbild: Jörn Rynio
Alle anderen:
Michael Brauner

Titelbildrezept: Pancakes mit Ahornsirup S. 5

Gedruckt auf Primasilk 130 g/qm holzfrei mattgestrichen Bilderdruck, made by StoraEnso, geliefert von der Papier Union.

© 2005 GRÄFE UND UNZER VERLAG GmbH, München

Alle Rechte vorbehalten. Nachdruck, auch auszugsweise, sowie Verbreitung durch Film, Funk, Fernsehen und Internet durch fotomechanische Wiedergabe, Tonträger und Datenverarbeitungssysteme jeglicher Art nur mit schriftlicher Genehmigung des Verlages.

Programmleitung:
Doris Birk
Redaktionsleitung:
Birgit Rademacker
Redaktion:
Stefanie Poziombka
Lektorat:
Adelheid Schmidt-Thomé
Satz/DTP:
Redaktionsbüro
Christina Kempe, München
Layout, Typografie und Umschlaggestaltung:
Independent Medien Design, München
Herstellung: Martina Müller
Reproduktion: Repro Ludwig, Zell am See
Druck: Appl, Wemding
Bindung: Sellier, Freising

ISBN 3-7742-8789-9

Auflage	5.	4.	3.	2.	1.
Jahr	2009	08	07	06	05

Ein Unternehmen der
GANSKE VERLAGSGRUPPE

Das Original mit Garantie

Ihre Meinung ist uns wichtig. Deshalb möchten wir Ihre Kritik, gerne aber auch Ihr Lob erfahren. Um als führender Ratgeberverlag für Sie noch besser zu werden. Darum: Schreiben Sie uns! Wir freuen uns auf Ihre Post und wünschen Ihnen viel Spaß mit Ihrem GU-Ratgeber.

Unsere Garantie: Sollte ein GU-Ratgeber einmal einen Fehler enthalten, schicken Sie uns das Buch mit einem kleinen Hinweis und der Quittung innerhalb von sechs Monaten nach dem Kauf zurück. Wir tauschen Ihnen den GU-Ratgeber gegen einen anderen zum gleichen oder ähnlichen Thema um.

GRÄFE UND UNZER VERLAG
Redaktion
Kochen & Verwöhnen
Postfach 86 03 25
81630 München
Fax: 089/41981-113
e-mail: leserservice@graefe-und-unzer.de

GU KÜCHENRATGEBER
Neue Rezepte für den großen Kochspaß

ISBN 3-7742-4905-9

ISBN 3-7742-4906-7

ISBN 3-7742-5452-4

ISBN 3-7742-4882-6

ISBN 3-7742-4880-X

ISBN 3-7742-5451-6
64 Seiten, 7,50 € [D]

Das macht die GU Küchenratgeber zu etwas Besonderem:
- *Rezepte mit maximal 10 Hauptzutaten*
- *Blitzrezepte in jedem Kapitel*
- *alle Rezepte getestet*
- *Geling-Garantie durch die 10 GU-Erfolgstipps*

Änderungen und Irrtum vorbehalten.

Willkommen im Leben.

VERQUIRLT & AUFGERÜHRT

- Immer zuerst das Mehl und die Flüssigkeit kräftig verquirlen, bevor die Eier untergerührt werden. So entstehen keine Klümpchen.
- Soll der Teig schön schaumig und luftig werden, nach Belieben noch etwas Backpulver untermischen. Eiweiße extra schlagen und unter den gequollenen Teig heben.
- Die Zugabe von sprudelndem Wasser macht Pfannkuchen & Co. locker und knusprig.

Geling-Garantie für Pfannkuchen-Rezepte

UND NOCH MAL RÜHREN

- Nach dem Quellen den Teig nochmals kurz durchrühren, um sicherzugehen, dass alle Zutaten gleichmäßig verteilt sind.
- Ist der Teig zu dick geworden, noch etwas Flüssigkeit untermischen.
- Für schaumige Pfannkuchen & Co. jetzt den Eischnee unterheben (siehe auch »verquirlt und aufgerührt«, »Richtige Teigkonsistenz«).

FALTEN & ROLLEN

- Wie man die gebackenen dünnen Küchlein füllt und formt, ist Geschmackssache und bleibt jedem selbst überlassen.
- Praktisch zum Aus-der-Hand-essen: Füllungen ohne grobe Stücke wie Schokosauce auf ein Crêpe streichen und bis zur handlichen Größe immer wieder zusammenfalten.

FÜR MORGEN & ÜBERMORGEN

- Ausgekühlte Pfannkuchen nach Wunsch ganz lassen oder kleiner schneiden und in eine gut verschließbare Plastikbox füllen.
- Über Nacht bei Zimmertemperatur aufbewahren, für ein paar Tage im Kühlschrank lagern oder für Monate im Gefrierschrank tiefkühlen und bei Bedarf auftauen.